JÜRGEN THIESBONENKAMP
DIE WELT BRAUCHT STARKE KINDER

Meinen Enkelkindern
Johanna, Karla und Moritz

JÜRGEN THIESBONENKAMP

# DIE WELT BRAUCHT STARKE KINDER

MEINE ERLEBNISSE MIT DER KINDERNOTHILFE

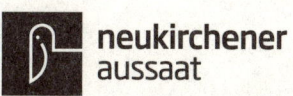

Dieses Buch wurde auf FSC®-zertifiziertem Papier gedruckt. FSC (Forest Stewardship Council®) ist eine nichtstaatliche, gemeinnützige Organisation, die sich für eine ökologische und sozialverantwortliche Nutzung der Wälder unserer Erde einsetzt.

Bibliografische Information der Deutschen Nationalbibliothek

Die Deutsche Nationalbibliothek verzeichnet diese Publikation in der Deutschen Nationalbibliografie; detaillierte bibliografische Daten sind im Internet über http://dnb.d-nb.de abrufbar.

© 2016 Neukirchener Verlagsgesellschaft mbH, Neukirchen-Vluyn
Alle Rechte vorbehalten
Umschlaggestaltung: Andreas Sonnhüter, www.sonnhueter.com,
unter Verwendung der Bilder von arka38, Daboost, Vaida, givaga
© shutterstock.com
Foto des Autors: Ralf Krämer
Bilder zu Haiti, Sambia und Indien: Jakob Studnar © Kindernothilfe
Bilder zu Honduras, Somaliland und Action!Kidz: © Kindernothilfe
Lektorat: Hauke Burgarth, Pohlheim
DTP: Breklumer Print-Service, breklumer-print-service.com
Verwendete Schrift: Adobe Garamond Pro, Futura
Gesamtherstellung: Pustet, Regensburg
Printed in Germany
ISBN 978-3-7615-6363-2 Print
ISBN 978-3-7615-6364-9 E-Book

www.neukirchener-verlage.de

INHALT

| | |
|---|---:|
| Geleitwort | 7 |
| Mein Weg zur Kindernothilfe | 9 |
| Honduras – Paradies voller Gewalt | 15 |
| Indien und eine „Fackel der Hoffnung" | 39 |
| Sambia und der Segen der Bildung | 66 |
| Haiti – von Sklaverei zum Neuanfang | 97 |
| Somaliland und die Geißel der Genitalverstümmelung | 140 |
| Kinderrechte | 166 |
| Danksagung | 195 |

# GELEITWORT

Jürgen Thiesbonenkamp nimmt die Leser mit auf eine Reise durch fünf Länder. Dabei eröffnet er Einblicke in die Arbeit der Kindernothilfe, die er elf Jahre geleitet hat. Die Länder Honduras, Indien, Sambia, Haiti und Somaliland stehen beispielhaft für die 30 Länder, in denen Kindernothilfe durch lokale Partnerorganisationen arbeitet. Millionen Kinder in Armut brauchen unsere Hilfe. Sie brauchen ausreichend Nahrung, Zugang zu Bildung und Schutz vor Missbrauch und Gewalt. Die Armut hat viele Gesichter. Mit der materiellen Armut verbinden sich Erfahrungen von Gewalt, denen Kinder und ihre Familien ausgesetzt sind. Vom gesellschaftlichen Leben ausgegrenzt, wird das Leben zum täglichen Kampf ums Überleben. Oft sind es die Mütter, die für ihre Kinder ein anderes Leben wollen. Sie wollen dauerhaft aus der Spirale aus Armut, Gewalt und Elend herauskommen. Wenn die Menschen ihr Leben selbst in die Hand nehmen und auf eigenen Füßen stehen, werden ihre Kinder langfristig ein besseres Leben finden. Immer geht es dabei auch um die Menschenwürde, die Grundlage der Menschenrechte ist und durch die UN-Kinderechtskonvention zum Ausdruck kommt. Sie hat zum Ziel, Kinder zu schützen, zu fördern und sie an ihrer Zukunft zu beteiligen. Wer Armut bekämpfen will, muss Menschen in ihren Rechten stärken und ihnen zu ihren Rechten verhelfen. Wie wichtig das gerade für Kinder ist, zeigen die hohen Zahlen der mangelernährten Kinder, der Kinderarbeit, die immer noch nicht erreichte Primarschulbildung für alle Kinder oder die hohe Sterblichkeit an vermeidbaren Krankheiten in den ersten Lebensjahren.

Daher ist es wichtig, dass zu den Projekten auch Advocacy-Aktionen treten, die zum Ziel haben, Haltungen und Auffassungen in der Gesellschaft zu verändern und auf die Regierungspolitik einzuwirken, damit Menschen in Rechtssicherheit leben können. Daher setzt sich Kindernothilfe auch in Deutschland für diese Ziele ein. Sie beteiligt sich an Bündnissen und Kampagnen wie „Deine Stimme gegen Armut" oder erreicht viele Kinder und Jugendliche durch die „Action!Kidz", eine Aktion gegen Kinderarbeit. Auch darüber berichtet das Buch und gibt Auskunft über die christlichen Wurzeln der Arbeit. Jürgen Thiesbonenkamp hat diese Ziele hartnäckig und engagiert verfolgt und schildert einfühlsam und wortgewandt das Erlebte. Er weist in diesem Buch auf die Notwendigkeit und den Segen der Entwicklungszusammenarbeit am Beispiel der Kindernothilfe hin. Das Buch ist zugleich ein Appell an die Mitmenschlichkeit – die Kindernothilfe gibt jedem die Möglichkeit zu helfen. Vielleicht sind Sie ja künftig auch dabei!

*Christina Rau*
*Stiftungsrätin der Kindernothilfe*

## MEIN WEG ZUR KINDERNOTHILFE

Mathematik bei Frau Meyer hatte für mich einen großen Mehrwert. Sie erschloss uns in der Sexta die Welt der Zahlen, aber auch die der Kinder aus anderen Erdteilen. Frau Meyer kannte viele Geschichten aus der Mission. Wer sich wie ich im Matheunterricht schwer tat, bekam das Bild eines Missionskinds. Von ihm wusste Frau Meyer, dass es eifrig lernte. Sie spornte uns an, es ihm gleich zu tun. So habe ich etliche Bilder bekommen von Kindern aus Afrika und Asien. Lange habe ich sie aufgehoben, denn Frau Meyer hatte uns nachdrücklich ans Herz gelegt, für die Kinder zu beten. Sie wusste, dass sie das auch für uns täten. Für mich waren dies erste Blicke in das Leben von Kindern aus anderen Erdteilen. Damals steckte die Globalisierung noch in den Kinderschuhen. Heute versammeln viele Schulen allein durch die Herkunft der Schüler aus zahlreichen Ländern die ganze Welt unter einem Dach. Doch die Integration in die gemeinsame Welt braucht auch die Bereitschaft zur Information. Wer mehr voneinander weiß, kann besser miteinander leben und füreinander da sein.

    Beides wurde für mich in diesen frühen Jahren konkret im wöchentlichen Schulgottesdienst. Dort kamen Beten und Rechnen zusammen. Pfarrer Stüber schlug vor, die Kollekte für einen Patenjungen in Indien zusammenzulegen. Er erzählte von ihm, als hätte er ihn selbst in Indien besucht. Er kannte seinen Namen und wusste, dass Devadan übersetzt „Gabe Gottes" heißt, seine Eltern arme Bauern waren, Devadan noch sechs Geschwister hatte und nun in Hubli in einem Schülerwohnheim aufgenommen wurde. Er hatte die Informationen von der Kindernothilfe. Wir kalkulierten, dass jeder etwa 30-50 Pfennige pro Gottesdienst spenden müsste, um die Patenschaft zu finanzieren. Wir haben gebetet und geholfen. Wir bekamen ein Foto von Devadan und hin und wieder einen Gruß, den wir erwiderten. Zwei Jahre später, 1966, berichtete die Schülerzeitung über unsere Aktion unter der Überschrift: „Kleine Entwicklungshilfe durch die evangelische Schulgemeinde." Das war erstaunlich, denn der Begriff und die Vorstellung von Entwicklungshilfe waren da gerade einmal fünf Jahre alt. So waren wir schon weiter als die Kindernothilfe selbst, die damals ihre Arbeit eher in der Tradition der Mission verortete als in der Entwicklungshilfe. Die Unterschiede und Gemeinsamkeiten zwischen Mission und Entwicklungshilfe kannte ich damals nicht. Worauf es mir ankam, war das Gefühl, einem Gleichaltrigen zu helfen und ihm den Schulbesuch zu ermöglichen. Wir glaubten an die Zukunft und waren bereit, mit unseren begrenzten Mitteln dafür Verantwortung zu übernehmen.

Nach vorne zu schauen war mir wichtig, denn in Hamm an der Sieg, dem Dorf, in dem ich aufwuchs, verlor sich der Blick in die Vergangenheit in einem Dickicht von Schweigen und Andeutungen. Sinnbild dafür war der jüdische Friedhof am Ortsrand. Nahe an einer bewaldeten Böschung lag er sich selbst überlassen, von Büschen und Gras überwuchert, dazwischen die umgestürzten Grabsteine. Als Jugendliche fingen wir an, das Gras zu schneiden und das Gebüsch zu lichten. Wir wollten den Friedhof sichtbar machen und suchten nach Klarheit im Dunkel der Dorfgeschichte. Was wir mit jugendlichem Eifer begannen, haben andere danach in ihre Verantwortung übernommen und durch die Pflege des Friedhofs auch die Erinnerung an die ehemalige Synagoge in der Dorfgeschichte verankert. Auf mich wirkten die hebräischen Buchstaben faszinierend. Sie müssen damals so etwas wie ein Schlüssel gewesen sein, dass es in unserer Welt mehr und anderes gibt, als das, was wir mit unserer Sprache ausdrücken können. Die Grabsteine sind wie Grundsteine für mich, die bis heute halten gegen Antisemitismus und Rassismus.

Heute kommen Menschen aus der ganzen Welt nach Hamm/ Sieg. Sie interessieren sich für das Leben von Friedrich-Wilhelm Raiffeisen, der hier 1818 geboren wurde. Als Sozialreformer und einer der Gründer des Genossenschaftswesens inspiriert er bis heute Menschen, die die Armut besonders im ländlichen Raum bekämpfen, Hilfe als Selbsthilfe organisieren und das Sozialmodell der Genossenschaft umsetzen wollen. Seine Projekte wie den Brotverein, die Initiativen zum Wegebau und des genossenschaftlichen Kreditwesens habe ich in der Kindheit nicht gekannt, wohl aber, dass er Herz und Verstand für die Armen einsetzte. Seine wirkliche Bedeutung hat sich mir erst sehr viel später erschlossen.

Die Spuren, die gelegt waren, führten mich auf neuen Wegen weiter. Meine letzten Schuljahre, das Abitur 1968 und der Beginn des Studiums standen unter dem Eindruck des Krieges in Vietnam und der Proteste dagegen. Mein Wunsch war stark, nicht nur eine andere Politik zu fordern, sondern selbst etwas für die Menschen zu tun, die unter den Folgen des Krieges litten. Wie einst für das Patenkind in Indien legten wir später Geld für einen Solidarfond Vietnam zusammen. Von der Weltöffentlichkeit weniger beachtet war in diesen Jahren der Biafrakrieg in Nigeria. Die Bilder des „Biafrakinds", das später mit seinem aufgedunsenen Bauch Symbol des Hungers wurde, ließen mich nicht los. Es waren Bilder, die heute keine Spenden sammelnde Organisation mehr zeigen würde. Der Mut einzelner Menschen aus Kirche und Diakonie, hier zu helfen, hat mich sehr beeindruckt. Aus fünfzigjähriger Distanz erscheint dies heute unter den Kriterien der modernen humanitären Hilfe in einem anderen Licht. Geblieben ist aber, dass es zur Glaubwürdigkeit unseres Lebens gehört, für Menschenrechte und Menschenwürde einzutreten. Zugleich war mir wichtig, nicht bei den Bildern sich gegenseitig umbringender Afrikaner stehenzubleiben, sondern nach den Ursachen des Mordens zu fragen in der Gemengelage von ökonomischen Interessen der Ölförderung im Nigerdelta und religiösen und ethnischen

Konflikten. Viele Probleme sind bis heute nicht gelöst. Das zeigen die Proteste gegen die Umweltkatastrophen in den Ölförderregionen. Die grausamen Bilder der von Boko Haram verschleppten Mädchen oder verwüsteten Dörfer im Norden Nigerias schrecken uns heute auf.

1968 verbindet für mich auch andere Daten und Orte mit biografischen Weichenstellungen. Dazu gehören der Prager Frühling und sein Ende, die Ermordung von Martin Luther King wie auch die Vollversammlung des Ökumenischen Rates der Kirchen (ÖRK) in Uppsala. Für die christlichen Kirchen entwickelte Uppsala eine Vision, dass wir als Christen in der Erwartung des Reiches Gottes jetzt schon in seiner Vorwegnahme deutliche Zeichen des Friedens, der Entwicklung und eines gemeinsamen Lebens ohne Rassismus und Armut setzen können. Ein entscheidendes Zeichen war das Antirassismusprogramm des ÖRK, das ein Jahr später beschlossen wurde. Die Frage: Wie politisch darf und soll Kirche und Theologie sein?, wird seither immer wieder neu und aktuell gestellt, wie zum Beispiel aktuell in der Frage der Flüchtlinge oder der Bekämpfung von Fluchtursachen. Die Erwartung einer gerechten Gesellschaft darf nicht zum Prinzip erstarren und die Barmherzigkeit, die in der Not hilft, nicht auf das Abspeisen mit Almosen reduziert werden.

Nach meinem Studium der Theologie, den Jahren als Vikar in Essen und vielen Monaten als Fernfahrer war ich plötzlich mittendrin in der Welt, die ich bisher nur aus Bildern kannte. Im November 1977 reisten meine Frau und ich aus, um die Seemannsmission der Église Évangélique du Cameroun in Douala zu übernehmen. In dieser besonderen Aufgabe im Hafen und der Leitung des internationalen Seemannsheims war ich Pfarrer der Kirche in Kamerun. Auf den Schiffen und im Haus traf ich Menschen aus fast allen seefahrenden Nationen der Welt. Da war viel Seelsorge und praktische Hilfe gefragt, diakonisches Engagement und auch interkulturelle Vermittlung zwischen den Seeleuten und ihren Erfahrungen an Land. Die Mitarbeit

## HONDURAS – PARADIES VOLLER GEWALT

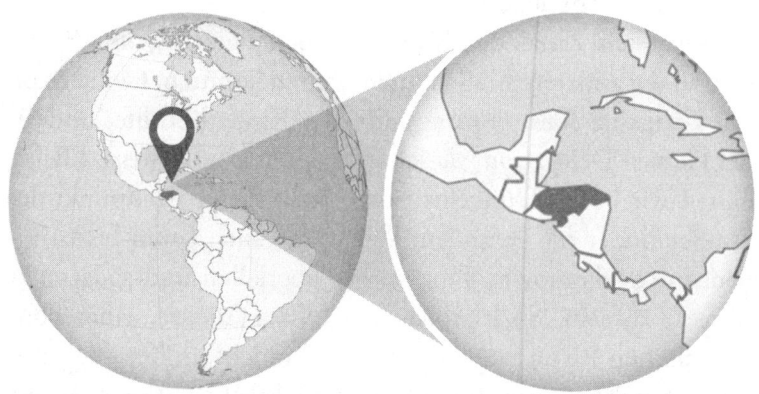

Das zentralamerikanische Honduras ist 112.000 Quadratkilometer groß, also ungefähr so groß wie die ehemalige DDR. Es hat 8,6 Mio Einwohner. Die Kindernothilfe ist seit 1979 im Land präsent und unterstützt aktuell über 16.000 Kinder in 13 Projekten.

## STRASSENKINDER – IHR LEBEN, IHRE HOFFNUNG

Er sah elender aus als die anderen in dieser Nacht an der Puente Estocolmo. Seine Augen aber suchten nach einem Leben, das es dort nicht gab. Die Hose war zerrissen und um den hageren Körper hing ein viel zu großer Mantel, Kleidung und Zudecke zugleich. Er strotzte vor Schmutz. Diego hieße er, sagte er uns, als wir ihn barfuß in der Nähe der Brücke in Tegucigalpa, der Hauptstadt von Honduras trafen. Von zu Hause sei er weggelaufen. An seinen Vater erinnere er sich kaum noch.

Die wechselnden Partner seiner Mutter hätten ihn geschlagen und im Alkoholrausch missbraucht. An seine Mutter denke er oft. Irgendwann würde er zu ihr zurückkehren mit Geld in der Tasche und ihr und seinen Geschwistern helfen. Vierzehn Jahre sei er alt, sagte er und fügte gleich hinzu, dass er es bald schaffen werde, aus dem Elend herauszukommen. Doch jetzt brauche er noch die Clique. Ohne die anderen könne er auf der Straße nicht überleben.

Es war kein Zufall und bis zuletzt noch ungewiss, ob wir Diego und die anderen Straßenkinder treffen könnten. Gemeinsam mit Christina Rau, Stiftungsrätin der Kindernothilfe, und einer kleinen Delegation war ich in Honduras unterwegs. Alleine hätten wir in der Dunkelheit der Nacht diesen Treffpunkt der Straßenkinder nie gefunden. Wir wären auch kaum bis zu ihnen durchgekommen, ohne vorher überfallen und ausgeraubt worden zu sein. Sozialarbeiter von Casa Alianza, einer honduranischen Partnerorganisation der Kindernothilfe, waren bei uns. Sie nahmen uns mit auf ihren nächtlichen Wegen zu den Straßenkindern. Mir war etwas mulmig zu Mute. Und wir hatten vereinbart alles abzubrechen, wenn die Situation eskalieren sollte. Unser Kommen konnte nicht, wie es bei anderen Projektbesuchen üblich ist, vorher angekündigt werden. Zwei Sozialarbeiter gingen voran. Einer von ihnen war Sergio. In seiner Kleidung sah er aus wie ein älterer Bruder der Straßenkinder. Mit seinem gewinnenden Lachen und der Gitarre in der Hand mischte er sich unter sie. Er spielte und sang, und schon war er von einigen Mädchen und Jungen umringt. Sergio, so merkte ich es bald, war ihre Vertrauensperson. Die Gitarre und das Singen waren Symbol und Ritual zugleich, um bei den Straßenkindern anzukommen. So wie ihn einige euphorisch umringten, wirkten andere apathisch. Sie standen etwas abseits. In ihren Händen hielten sie Plastiktüten. Darin war ein Klebstoff und Lösungsmittel. Immer wieder steckten sie ihre Nase in die Tüten, um die Ausdünstungen des Klebstoffs einzuatmen. Um ihren Hunger und ihr Elend zu betäuben, schnüffeln viele Kinder dieses Gift, die Droge der Armen. Es bewirkt einen Rausch, macht das Elend für kurze Zeit vergessen, stumpft die Sinne ab und hat langfristig verheerende Folgen für das Leben der Kinder. Als schleichendes Gift für den Organismus töten diese Stoffe Nerven und Gehirnzellen ab.

Jeden Abend ist die Situation auf der Straße anders. Hätte Gewalt in der Luft gelegen, hätten wir den Besuch abbrechen müssen. Die Straßenkinder hätten wegen der Drogen oder auch aufgestauter Aggressionen untereinander eine Gefahr sein können. Doch die größte Gewalt geht nicht von ihnen aus, sondern von denen, die sie als Plage und Last empfinden und von der Straße haben wollen. Durch plötzliche Razzien sind die Kinder selbst immer wieder Opfer sogenannter „Säuberungsaktionen". Allein die Mitarbeiter von Casa Alianza haben seit 1998, dem Beginn der Dokumentation, bis heute mehr als 4.000 Morde an Straßenkindern nur in der Hauptstadt Tegucigalpa registriert. An Grausamkeit sind diese Morde kaum zu überbieten. Oft werden die Opfer erst gefoltert und dann gezielt erschossen. Manchmal sind es einzelne, die ins Schussfeld geraten. Auch Hinrichtungen von ganzen Gruppen gab es schon. Vor einigen Jahren noch fanden Jagden aus Autos heraus auf die Kinder statt. Diese Morde sind ein erheblicher Teil der skandalösen Statistik, dass in Honduras alle zwei Stunden ein Mensch getötet wird. Das kleine Land in Mittelamerika hat bezogen auf die Bevölkerungszahl die höchste Mordrate. Diese Morde gingen und gehen auf das Konto privater Sicherheitsdienste, aber wegen der als *impunidad* bezeichneten Straffreiheit auch zu einem erheblichen Teil auf den Waffengebrauch regulärer Polizeikräfte.

Daneben spielen auch die Rivalitäten von Banden und Drogendealern eine Rolle. Kaum ein Mordfall wird strafrechtlich verfolgt. Die Kinder, die sterben, werden allenfalls von ihren Freunden und hier und da von ihren Familien vermisst. Viele haben keine Geburtsurkunde. Amtlich nicht registriert, haben und hatten sie keine Existenz. Wer auf der Straße überleben will, muss sich beschaffen, was er zum Leben braucht. Betteln,

Gelegenheitsjobs wie Autowaschen, Trägerdienste auf dem Markt, aber auch Mundraub, Diebstahl, Gewalt gegen andere und der Verkauf des eigenen Körpers sichern den Kindern das Überleben. Daher sind die Kinder zunehmender Repression ausgesetzt. Man will sie von der Straße haben.

In dieser Nacht blieb es ruhig. Die Kinder kannten die Sozialarbeiter. Sie vertrauten ihnen, denn viele Male hatten sie durch sie Hilfe erfahren: Wunden hatten sie verbunden, etwas zu essen dabei gehabt und immer wieder Gespräche und Angebote, von der Straße und vor allem von der Schnüffeldroge wegzukommen. Viele Kinder kannten durch kurze Aufenthalte auch die Casa Alianza, eine ehemalige Schule. Jetzt ist es ein Schutzhaus für etwa 170 Kinder, um ihren Weg in ein anderes Leben vorzubereiten. Doch der Sog der Straße ist groß. Die Sucht ist manchmal weit fortgeschritten, und die Gewöhnung an das Elend lässt andere Lebensbilder verblassen. Denn wer in das Schutzhaus aufgenommen wird, muss die Regeln eines festen Tagesablaufs beachten, sich in eine neue Gemeinschaft einfinden, im Haus beim Tischdienst helfen, bereit sein zur Schule zu gehen oder sich in Lerngruppen auf den schulischen Anschluss vorbereiten. Was uns normal und erstrebenswert vorkommt, ist für viele Straßenkinder eine Welt, die sie niemals kennengelernt haben und daher auch nicht suchen.

## MARAS – KEIN TAG OHNE GEWALT

Eine andere Welt aber ist ihnen viel näher und für manche von ihnen zur grausamen Realität geworden. Neben den informellen Cliquen der Straßenkinder gibt es die straff organisierten Banden der Maras. Äußerlich sind sie an ihren Tätowierungen zu erkennen, oft mit einem Furcht einflößenden Aussehen. Diese Tattoos haben ihre eigene Symbolsprache. Eine Träne kann für einen ermordeten Freund stehen. Andere Zeichen stehen für die Zahl der Morde, an denen man beteiligt war.

Satanische Bilder im Gesicht sollen Furcht und Schrecken verbreiten. Ganz wichtig sind Tattoos, die die Zugehörigkeit zu einer bestimmten Bande markieren. Als Signal der Abgrenzung und nicht selten Feindschaft zu anderen Mara Banden dokumentieren sie die Zugehörigkeit zu der Bande, der sich die Mitglieder im wahrsten Sinn des Wortes verschrieben haben. Die Maras rekrutieren ihre Mitglieder oft aus den Straßenkindern, wenn sie älter werden und sich körperlich und mental als geeignet erweisen für die Brutalität ihrer Aktionen. So dienen die Existenz dieser Banden und ihre Gewalt untereinander den Behörden oft als Vorwand, ihre eigene Gewalt gerade auch gegen die jüngeren und weniger gefährlichen Straßenkinder zu legitimieren.

Die Maras sammelten sich ursprünglich in mittelamerikanischen Familien, vor allem aus El Salvador, die auf der Flucht vor Bürgerkrieg und Armut in den achtziger Jahren in die USA, besonders nach Los Angeles, gekommen waren. Die dort erfahrene Ausgrenzung und auch Perspektivlosigkeit ihres Lebens führte unter den Jugendlichen zum Zusammenschluss in Latino-Jugendbanden, die nach einer tropischen Ameisenart (*Marabuntes*) dann Maras genannt wurden, weil sie plötzlich wie Ameisen einfielen und erhebliche Zerstörungen anrichteten. Auch brandmarkte man sie mit der abschätzigen Bezeichnung *Salvatrucha*, die an ihre Herkunft aus Salvador erinnert. Andere Gruppen nannten sich *Mara dieziocho*, kurz M 18, nach der 18. Straße ihres Stadtviertels von Los Angeles. Wegen der wachsenden Kriminalität schoben die USA Tausende dieser Jugendlichen in ihre Herkunftsländer ab. Dort führten sie das begonnene Leben weiter. Schutzgelderpressungen, Drogen-, Waffen- und Menschenhandel waren ihre Geschäfte. Schnell wurden sie zu einem Mythos und verbreiteten sich in die Nachbarländer. Wegen der extremen Armut und der Aussichtslosigkeit vieler Kinder und Jugendlichen in Honduras verklärte sich in deren Fantasie das Bild der Maras über das Kriminelle hinaus zu Sozialrebellen, die der Armut entkommen und den Armen helfen.

Hier fanden sie die Anerkennung und die Gemeinschaft, die es in der eigenen Familie nie gegeben hatte. Dass dies erkauft wird durch einen unbedingten Gehorsam und Unterwerfung unter die Gruppendisziplin, in der Grausamkeit und Töten auf Befehl erwartet und gefordert werden, erkennen viel Jugendliche am Anfang nicht oder verdrängen es. Für sie zählen zunächst die materiellen Anreize wie Kleidung angesagter Marken, sich satt essen zu können, Geld haben, und dann auch die emotionale Sicherheit einer Gruppe, die zum Familienersatz wird. Vor allem durch die Schutzgelderpressungen üben die Banden Macht in ihrem Stadtviertel aus, die sie bis aufs Blut gegen ihre Rivalen durchsetzen.

## CASA ALIANZA – DIE SPIRALE DER GEWALT UNTERBRECHEN

An diesem Abend tauchten keine Maras auf. Alles blieb ruhig. Einige der Kinder und Jugendlichen wollten wissen, warum wir zu ihnen gekommen waren. Wir sagten, dass wir Freunde von Casa Alianza seien und Sergio und die anderen unterstützen würden. Auch hätten wir von den Straßenkindern aus Tegucigalpa in Deutschland schon viel gehört, vor allem von ihrem Willen zu überleben und ihrer Hoffnung, einmal ein besseres Leben zu finden. Deswegen interessiere uns ihr Leben. Und wir erklärten ihnen, dass wir mit Sergio und seinen Leuten überlegen und von ihnen hören wollten, wie noch mehr Straßenkinder erreicht werden könnten und welche Hilfe für sie die beste sei.

Diego, der nicht schnüffelte, hatte aufmerksam zugehört. Ich merkte auch, dass Sergio ihn im Blick hatte. Sein Alter und sein bisheriger Weg in dieses Milieu machten ihn anfällig für die Verlockungen der Maras. Auch hätte er ihren Drohungen wenig entgegenzusetzen. So war es zwischen den beiden eine stille Übereinkunft, dass er, wie einige andere auch, mit zur

Casa Alianza fuhr. Dort wollte er duschen, die Kleider wechseln, essen, ein paar Kumpels treffen und noch einmal überlegen, wie es mit ihm weitergehen sollte. Ihn habe ich nicht wieder gesehen. Der Sog der Straße sei enorm stark, hatte mir Sergio am nächsten Tag erklärt. Am Morgen sei Diego wieder verschwunden. Wieder hatte es ihn nach draußen getrieben. Aber er, Sergio, gebe die Hoffnung nicht auf. Gerne hätte er an diesem Morgen Diego zusammen mit etwa 20 Mädchen und Jungen aus der Casa, die den Absprung von der Straße geschafft hatten, mitgenommen auf einen Hügel, der oberhalb eines Armenviertels liegt und einen weiten Rundblick über die Stadt bietet. Die Aussicht war wirklich beeindruckend, doch unser Blick fiel immer wieder auf Kreuze und Grabsteine, die oft von Büschen und Gras überwuchert den Hügel hinauf unseren Weg säumten. Die Kinder, die bei uns waren, kannten den Weg genau. Es war so etwas wie ihr persönlicher Kalvarienberg. Die Menschen dort nennen den Armenfriedhof „*Divino Paraíso*" – göttliches Paradies. Das zeigt, was sie für ihre Toten und sich selbst einmal erhoffen. Weit oben an einer flachen Stelle lag unser Ziel. Hier steht das Mausoleum der ermordeten Straßenkinder von Tegucigalpa. Als Rundgebäude mit einem freien Blick zum Himmel waren in seinen Mauern die Särge von über 36 getöteten Straßenkindern eingelassen. Bei manchen waren Namen und Lebensdaten vorhanden, andere trugen den Namen, unter dem sie in der Clique bekannt waren, bei vielen war das Todesdatum die einzige sichere Auskunft über ihr kurzes Leben. Ob ihr Geburtsdatum jemals eingetragen wurde, wird keiner mehr wissen. Sie kamen zur Welt, waren vielleicht nie gewollt und doch an manchen Tagen geliebt. Eine Geburtsurkunde hatten sie nie. Ihre Armut machte sie anonym. Doch im Tod sollen sie nicht vergessen sein. Es war die Idee der Kinder der Casa Alianza selbst, das Mausoleum zu bauen. Sie hatten ihre Freunde und Freundinnen sterben sehen, waren selbst den Kugeln oder Schlägen entkommen. Doch es sollte Schluss damit sein, die toten Kinder einfach irgendwo zu verscharren. So bewahrt das Mausoleum die Würde der Kinder über den Tod hinaus, die sie zu Lebzeiten so gut wie nie erfahren haben, die ihnen aber doch geschenkt ist. Für die Straßenkinder ist das Mausoleum auch ein Ort, an dem sie Zusammenhalt und Kraft finden, um durchzuhalten auf dem Weg in ein anderes Leben. Und es ist ein Mahnmal über der Stadt, die Gewalt gegen Kinder sozial und politisch zu überwinden und der Verpflichtung nachzukommen, die auch Honduras als Vertragsstaat der Kinderrechtskonvention eingegangen ist.

Es war sehr bewegend, als wir schweigend in dem Rund standen. Tränen flossen. Ein Schock erfasste die Kinder, weil zwei Särge in der Mauer offensichtlich gewaltsam geöffnet worden waren und die Einbruchslöcher bisher nur notdürftig verschlossen waren. Wie von selbst fassten wir uns an den Händen, standen still im Kreis mit unseren Gedanken und dann doch mit dem Wunsch nach einem Wort der Ermutigung und einem Gebet für die toten und lebenden Straßenkinder.

## KINDER IM GEFÄNGNIS

Was es bedeuten könnte, diese Kinder vor dem Zugriff der Maras und ihrer Gewalt zu bewahren, hatten wir am Tag zuvor im Kinder- und Jugendgefängnis von Támara, etwa 25 Kilometer außerhalb der Hauptstadt erlebt. Es liegt unweit des Zentralgefängnisses, in dem noch 2004 durch ein Feuer 105 Kinder und Jugendliche verbrannten, weil die Gefängniswärter viel zu lange zögerten, die Stahltür zu öffnen und die Feuerwehr zu alarmieren. War es so gewollt? Fühlte sich niemand zuständig? Waren es widrige Umstände? Die Wahrheit wird nie ans Licht kommen, aber die Erfahrung teilen viele: Wer dort eingesperrt ist, ist seines Lebens nicht sicher. Auch in Támara gibt es Gewalt bis hin zum Mord. Als *„Centro de Readaptación Juvenil Renaciendo"* will es heute eher ein Sozialzentrum, eine Reha-Einrichtung sein als ein Gefängnis, in dem Gewalt zum Alltag gehört. So war es bei meinem ersten Besuch.

Die Bilder dieses Besuchs hatte ich im Kopf, als sich für uns das Gefängnistor öffnete. Damals empfing uns die Direktorin, die noch sichtlich mitgenommen war von einem Mord, der sich wenige Tage zuvor beim Hofgang ereignet hatte. Zwei Gruppen verfeindeter Maras, waren zwar räumlich getrennt, aber doch letztlich unter einem Dach untergebracht. Was nie hätte passieren dürfen, geschah bei einem Hofgang. Die Banden trafen aufeinander. Statt sich als Schicksalsgemeinschaft an diesem Ort zu verstehen, flammten sofort die alten Rivalitäten auf. Noch ehe das Personal die Situation im Griff hatte, lag einer der *Salvatruchas* erstochen am Boden. Mit Gewalt trieb man die Häftlinge in ihre Gemeinschaftszellen zurück. Wir fragten uns, ob in dieser aufgeheizten Atmosphäre unser Besuch überhaupt einen Sinn mache, ganz abgesehen von der potenziellen Gefahr für uns. Die Direktorin meinte, dass es sogar gut wäre und sich positiv auf die Stimmung auswirken könnte, wenn Menschen von außen kämen mit dem Angebot, mit den Gefangenen zu sprechen. Dies wäre vor allem für die noch jungen Gefangenen und die Mädchen wichtig, die den Mord nicht gesehen hätten, aber doch sehr viel darüber reden würden.

So kamen wir zuerst zu einer Zelle, in der 25 Jungs im Alter von 9 bis 17 Jahren untergebracht waren. Die Wortführer gehörten den *Maras 18* an. Andere waren eingesperrt wegen kleiner Diebstähle, Schlägereien, Aufbrüche von Autos oder einfach nur, weil ihre Tätowierungen sie verdächtig machten. Deutlich hörbar wurde die Zellentür hinter uns abgeschlossen. So standen wir zu dritt in der Zelle, eingeschlossen mit diesen Jungen. Es war zunächst der Besuch, wie ihn unsere Partner dort wöchentlich durchführten: zuhören, reden, vielleicht etwas spielen und als Angebot manchmal auch ein biblisches Wort und ein Gebet. Und das unter Bedingungen, die weit entfernt sind von dem, was wir hierzulande unter einem Jugendstrafvollzug verstehen. Die Zelle war ohne Tageslicht. Ganz oben an der Traufe gab es einen Spalt, durch den man das Licht ahnen konnte und durch den die Luft etwas zirkulierte. An der Wand gestapelt lagen etwa 20 Matratzen. Nicht jeder hatte eine Matratze für die Nacht. Eine klare Hierarchie regelte jeden Abend neu die Verteilung der Matratzen. Und dabei führten die Chefs der Maras in der Zelle das große Wort. Sie waren für alle leicht an ihren überlangen Gürteln zu erkennen. Ein Mara trägt ein ärmelloses T-Shirt und eine halblange Hose, die von einem Gürtel gehalten wird. Je länger dieser nach unten hängt, desto höher ist der Rang seines Trägers in der Bande. Wie draußen auch waren ihre Köpfe kahl geschoren und viele Partien ihrer Körper mit Tätowierungen überdeckt. In einer Ecke etwas abgetrennt, war ein Loch im Boden als Toilette und ein Wasserhahn für alle. Das Essen, Bohnen und Reis, bekamen sie in die Zelle geschoben und nur einmal in der Woche gab es eine Stunde Hofgang. In der sogenannten Küche kochten einige Gefangene für alle auf Gaskochern. Das war ein enger, stickiger Raum ohne jeden Schutz vor dem Feuer und hermetisch verriegelt wie alle Zellen auch. Elektrische Leitungen hingen quer durch den Raum. Sie dienten zugleich als Wäscheleinen für die Küchentücher. Es war ein apokalyptisches Bild, das sich da in der Hitze auftat.

Keiner der Jungen wusste, wie lange er noch verbleiben werde. Verurteilt war noch niemand. Nur wenige hatten durch Angehörige etwas Kontakt nach außen oder gar einen Rechtsanwalt, der sich um sie kümmerte. Einige brüsteten sich mit ihren Taten, zu denen vor allem massive körperliche Gewalt gehörte. Einer ließ durchblicken, dass er schon zwei Rivalen umgebracht hätte. Ein Zehnjähriger berichtete, dass er einfach nur von der Polizei aufgegriffen worden sei, die ihn hierher gebracht hätte, ohne dass er irgendeine Straftat begangen hätte. Sein Pech wäre gewesen, bei einigen Maras gestanden zu haben, als die Razzia begann.

Unser Besuch war sicherlich eine willkommene Unterbrechung ihres eintönigen Alltags. Dass fremde Menschen aus einem Land, dessen Namen sie vom Fußball kannten, sich für sie interessierten, tat ihnen gut. Alle versicherten, dass sie immer auf die wöchentlichen Besuche unserer Partner warteten und sie doch noch öfter kommen sollten. Ändern aber konnten die Besuche die Lebensbedingungen der Jugendlichen nicht unmittelbar. Und dennoch waren es auch diese Besuche, die einen Veränderungsprozess in Gang brachten. Denn so sorgfältig und zugewandt die Mitarbeiter unserer Partnerorganisation die Besuche planten und durchführten, so arbeiteten sie mit dem gleichen Elan auch draußen weiter, um die Haftbedingungen zu verbessern. Sie machten das Leben der Kinder in diesen Zellen öffentlich, generierten politischen Druck und schafften es, dass die zuständigen Behörden sich fragen lassen mussten, wie sie die Standards der Kinderrechte und des auf dem Papier existierenden Jugendstrafrechts denn umsetzen wollten. Das Wegsperren der Kinder löst die Probleme nicht, sondern verschärft sie nur. Eine Strafe allein bringt keinen Mara zu Reue und Einsicht. Wer Kinder mit Schwerkriminellen schutzlos in eine Massenzelle sperrt, macht sich schuldig an deren Missbrauch und erlittener Gewalt. Deswegen ist es wichtig, diese Probleme mit einem ganzheitlichen Ansatz anzugehen. In diesem Fall sind es die Besuche, die den Kindern und Jugendlichen guttun, ihnen zeigen, dass sie nicht abgeschoben und vergessen sind. Und gleichzeitig das zivilgesellschaftliche Engagement in der Öffentlichkeit und gegenüber Behörden und politischen Entscheidungsträgern mit dem Fokus auf Einhaltung der rechtlichen Standards mit dem Ziel von Rehabilitation statt Strafe.

Bei meinem jetzigen, dem zweiten Besuch in Támara, war ich überrascht zu sehen, was sich alles geändert hatte. Die Zellen waren nur mit vier oder sechs Jungen belegt. Die Mädchen hatten alle eine Einzelzelle, oft auch gemeinsam mit ihrem Baby. Das Essen war besser und abwechslungsreicher. Hofgang gab es jeden Tag, dazu im geschlossen Trakt und im Hof Möglichkeiten zum Sport wie auch eine Bibliothek. Das Personal war geschult und kannte die Standards der Kinderrechte und des Jugendstrafvollzugs. Insgesamt waren wesentlich weniger Kinder und Jugendliche eingesperrt. Täter mit kleinen Delikten waren von den gewalttätigen Maras getrennt. Das war ein deutlicher Fortschritt. Was vor Jahren noch eine Brutstätte der Gewalt war, hatte nun begonnen, sich von der Ideologie der Repression zu lösen hin dazu, Wege aus der Gewalt und der Kriminalität für diese jungen Menschen gangbar zu machen.

## VOM LEBEN IM MÜLL

Von klein auf an haben viele Kinder in Honduras die Erfahrung gemacht, dass ihnen im Leben nichts geschenkt wird, sondern sie sich alles erkämpfen müssen. Sich durch das Leben zu schlagen, ist für die einen in physischer Form alltägliche Realität und für die anderen der Ausdruck des täglichen Kampfes um das Überleben. Wie in vielen Großstädten armer Länder gibt es auch am Rande von San Pedro Sula, der zweitgrößten Stadt von Honduras, eine riesige Müllhalde. Sie erstreckt sich durch ein ganzes Tal, das immer mehr mit den Abfällen aller Art der großen Stadt gefüllt wird. Über die mit Schlaglöchern übersäte Piste quälen sich Lastwagen den Berg hoch, um ihre Ladung dort über dem Tal abzuwerfen. Kaum kommen sie oben an, laufen Kinder und Erwachsene auf sie zu, öffnen oft noch im Fahren die Klappen, springen auf die Ladefläche und ziehen den Müll herunter. An manchen Tagen klauben bis zu 300 Kinder verwertbare Stoffe aus dem Müll. Fast alle haben Säcke in der Hand und wühlen aus den Abfällen hervor, was ihnen verwertbar erscheint: Metall, Elektrosachen, Papier und Pappe, Plastikflaschen und anderes mehr. Auf der riesigen Halde kokeln überall Feuer. Beißender Gestank und Qualm, der einem fast den Atem verschlägt, umgibt die Menschen. Dazu kommt die Hitze. Schlechter kann eine Luft zum Atmen kaum sein. Viele Kinder sind barfuß oder tragen Flip-Flops. Überall an Händen und Füßen sieht man Wunden und Narben unter all dem Schmutz, der an ihnen klebt. Hunderte von Geiern und

Krähen hüpfen und flattern zwischen den Menschen herum auf der Suche nach Essensresten, dazwischen Rinder und Ziegen. Es ist ein gespenstisches Bild, wie Menschen mitten unter den Aasfressern und Tieren außerhalb jeder Zivilisation deren Abfälle nach verwertbarem Material durchwühlen. Die Kinder tragen ihre Säcke zu einem Sammelplatz, füllen, was sie herausgeklaubt haben, in größere Säcke und tragen sie später die Piste herunter. Unten an der Straße sitzen die Händler, die die Sachen aufkaufen und dann en gros wieder in den Recyclingumlauf bringen. Kaum ein Kind verdient dabei mehr als einen Dollar am Tag. Doch die Mutter zu Hause, und oft ist es die Mutter allein, ist auf diesen einen Dollar angewiesen, um für sich und ihre Kinder das Überleben zu sichern. Die meisten Familien wohnen direkt am Rand der Müllhalde. Ihre Behausungen sind aus Materialien gebaut, die sie dort finden. In einer Hütte findet sich meist nur ein Bett für alle, an einer Schnur hängen ein paar Kleidungsstücke, ein Hocker oder ein Stuhl, ein kleiner Tisch vielleicht. Unter einem Überdach stehen ein paar Töpfe an einer Feuerstelle. Das ist die Küche. Ärmer kann kaum einer leben. Zur Schule können die Kinder nicht gehen. Und jede Krankheit – und davon gibt es bei dieser ungesunden Umgebung viele – ist eine mittlere Katastrophe, da ein Arztbesuch in der Stadt und Medikamente sehr teuer sind.

Unter den Kindern auf der Halde kommen wir mit Manuel ins Gespräch. Er hat sich auf Papier und Pappe spezialisiert. Da hätte er zwar schwer zu schleppen, aber er verletze sich weniger als an Metall oder Glas. Auch würde er mit einem Freund zusammenarbeiten. Gemeinsam schafften sie die Säcke den Berg herunter. Manuel ist stolz auf das, was er leistet und froh, seine Mutter unterstützen zu können. Er kennt kein anderes Leben. Er führt uns zur Hütte seiner Mutter Linda, die mit einem Baby dort auf ihn wartet. Drei Kinder hat sie, aber keinen Mann, der ihr zur Seite steht. Die Väter der Kinder sind längst weg und kümmern sich nicht mehr um die Familie. Wie Linda geht es vielen anderen Müttern in den Behausungen am

Rand der Müllhalde, am Rand des Lebens. Sozialarbeiterinnen einer Nichtregierungsorganisation haben sich mit den Müttern getroffen. Es hat Zeit gebraucht, bis die Frauen untereinander etwas Vertrauen fassten und sich über ihre schwierigen Lebensbedingungen austauschten. Auch Arme grenzen sich voneinander ab. Armut allein macht noch nicht solidarisch. Solidarität kann erst wachsen, wenn es gemeinsame Ziele gibt. Allen Müttern liegt besonders das Leben ihrer Kinder am Herzen. Es schmerzt sie, dass sie nicht zur Schule gehen können, dass die Luft um sie herum verpestet ist und jede Erkrankung eines Kindes sie heftig mit der Hilflosigkeit ihrer Situation konfrontiert. So erarbeiteten sie mit den Sozialarbeiterinnen den Plan, eine kleine Kindertagesstätte aufzubauen. Unter einem Sonnendach zwischen Bäumen sind jetzt etwa 30 Kinder im Vorschulalter versammelt. Die Kinder sitzen an kleinen Tischen und malen, andere wechseln sich an einer Wippe ab. Linda und die anderen Mütter sitzen oder stehen um die Kinder herum. Sie sind glücklich, dass sie das geschafft haben. Und davon erzählen sie auch lebhaft, manchmal alle auf einmal. Mit der provisorischen Kindertagesstätte hat die Zukunft für sie begonnen. Mit ihrer Begeisterung nehmen sie vorweg, was alles noch werden soll. Besonders wünschen sie sich eine Schule für ihre Kinder, die auf ihre Lebensbedingungen zugeschnitten ist. Sie wollen nicht, dass ihre Kinder nur arbeiten und von den Händlern unten am Berg ausgebeutet werden. Doch noch brauchen sie zum Überleben, was die Kinder verdienen.

Es ist fast die Quadratur des Kreises, Kinderarbeit und Schule zusammenzubringen. Wenn Kinder vom regulären Unterricht ausgeschlossen sind, für sie ein Schulbeginn in ihrem Jahrgang nicht möglich ist oder sie der Schule fernbleiben und eine Rückkehr nach den honduranischen Schulgesetzen ausgeschlossen ist, müssen Alternativen her. Spezieller Förderunterricht, der an die Lebenssituation der Kinder auf dem Müll anknüpft, ist ein guter Weg, Arbeit und Schule zu verbinden. Von ihrer Arbeit im Müll bringen die Kinder sehr viel Durchhaltevermögen und

Überlebenswillen mit. Sie wissen um ihre Verantwortung für die Mutter und die Geschwister. Es sind oft starke Kinder, die sich nicht so schnell unterkriegen lassen, auch wenn sie täglich Demütigungen und ihre Ohnmacht gegenüber den Händlern erleben, wenn die nicht den vereinbarten Preis bezahlen wollen. Sie spüren ihre Defizite, weil sie nicht lesen und schreiben können. Außerhalb ihres Milieus begegnet man ihnen mit Verachtung. In den Augen der anderen sind die Müllkinder das, was sie sammeln. Ihr Selbstbewusstsein zu stärken durch einen Schulunterricht, der auf sie zugeschnitten ist, ist ein erfolgreicher Weg. In El Ocotillo haben Kinder diese Chance. Heute gibt es spezielle Klassen für sie, um den Einstieg in die Schule und auch einen Abschluss zu schaffen. Linda und die anderen Mütter haben erfahren, wie der Kreislauf der Abhängigkeit und Armut unterbrochen wird, und Kinder es schaffen, einen anderen Weg ins Leben zu finden. Mütter und Kinder, und soweit vorhanden auch Männer und Väter, entwickeln ein ganz neues Selbstvertrauen. Starke Mütter mit Selbstvertrauen werden nicht so oft Opfer häuslicher Gewalt, der sie vorher oftmals schutzlos ausgeliefert waren. Sie erkennen ihre Situation und nehmen sie nicht mehr apathisch und schicksalsergeben hin, sondern nehmen ihr Leben selbst in die Hand. Hier wandelt sich die Hilfe zur Selbsthilfe. Die Menschen fassen Mut, auch gegenüber staatlichen Stellen Forderungen zu erheben und durchzusetzen. Bei unserem Besuch stand der Wunsch nach einer Gesundheitsstation ganz oben auf der Liste. Damit verbunden war der Plan, das riesige Müllgebiet besser zu überwachen, um die Verpestung der Luft durch brennenden Plastikmüll einzudämmen.

## HONDURAS – EIN ANDERER NAME FÜR ARMUT UND GEWALT

Honduras ist ein Land voller Armut und Gewalt, obwohl es von seinen Möglichkeiten her eigentlich nicht arm sein müsste.

Mehr als 50 Prozent der 8,6 Millionen Einwohner leben unterhalb der nationalen Armutsgrenze, etwa 15 Prozent gelten als extrem arm. Bei einem Pro-Kopf-Einkommen von 2.344 US-Dollar, der Quote der Schulbildung und der Lebenserwartung liegt das Land im internationalen Vergleich nach dem Human Development Index (HDI) auf Rang 129 von 187 Ländern. Mit seinen mittelamerikanischen Nachbarländern rechnete man es lange zum sogenannten Hinterhof der USA. Über Jahrzehnte war Honduras von einer wirtschaftlichen Monokultur geprägt. Große Fruchtkonzerne hatten aus dem Land im wahrsten Sinn des Wortes eine „Bananenrepublik" gemacht. Der Anbau und Export von Bananen, Kaffee und anderen tropischen Früchten bildete eine einseitige wirtschaftliche Grundlage. Die erwirtschaften Gewinne flossen allerdings kaum in die öffentlichen und privaten Haushalte zurück. Auf einem sehr niedrigen Niveau fanden die Plantagenarbeiter ihr Auskommen. Dies galt auch für die Beschäftigten anderer Berufs- und Wirtschaftszweige, die auf den Bedarf der Plantagenwirtschaft ausgerichtet waren. Zugleich ermöglichte diese Art der Ökonomie auch, dass sich eine sehr wohlhabende Oberschicht herausbildete, während ein erheblicher Teil der ländlichen Bevölkerung von der Subsistenzwirtschaft lebt und für den Eigenbedarf Mais und Bohnen anbaut. Mangelernährung und Hunger gefährden viele Menschen. Am Rande der großen Städte, hermetisch von der Umgebung abgeriegelt, stehen Textilfabriken sogenannte *Maquilas*, meistens in chinesischem oder koreanischem Besitz, in denen ohne gewerkschaftlichen Schutz tausende Menschen, überwiegend Frauen, zu Niedriglöhnen arbeiten. Die Armut macht Menschen anfällig, im Drogenschmuggel ihr Geld zu verdienen. Etwa 95 Prozent des Kokains, das die USA erreicht, wird durch Honduras geschleust.

Über eine Millionen Honduraner leben im Ausland, vor allem in den USA. Dorthin, auf welchem Weg auch immer, auswandern zu können, bleibt die Sehnsucht vieler und ist das illegale Geschäft der Menschenhändler. Wer den Weg dahin geschafft hat, unterstützt seine Angehörigen zu Hause. Mit ihren Geldüberweisungen sichern die Auswanderer das Überleben ihrer Familien und tragen damit zu etwas 15 Prozent des Bruttoinlandsprodukts bei. Doch wenn Vater oder Mutter auf der Suche nach einem besseren Leben ihre Kinder verlassen und sie in die Obhut von Angehörigen geben, werden sie diesen schnell zur Last. Es bleibt ihnen dann nur der Weg auf die Straße oder auch der gefährliche Weg in die USA, den viele dieser Kinder und Jugendlichen nicht überleben.

Die Armut ist eng verbunden mit dem niedrigen Niveau des Bildungssystems. Die Armenviertel der großen Städte und die ländlichen Regionen sind hiervon besonders betroffen. Die auf sechs Jahre angelegte Grundschulzeit beenden nur etwa 70 Prozent der Schüler, davon weniger als die Hälfte in der vorgesehen Zeit. Die Zahl der Kinder, die nur mit ihren Müttern (jede zweite Mutter ist alleinerziehend) aufwachsen ist erschreckend hoch und verringert die Schulerfolge wegen der prekären Situation zu Hause enorm. Armut hat oft ein weibliches Gesicht. Dennoch hat die Regierung auch mit internationaler Unterstützung seit 2013 erreicht, dass an 200 Tagen im Jahr Schulunterricht stattfindet und damit die vorgeschriebene Anzahl erreicht wurde. Bei einer Analphabetenrate von etwa 15 Prozent und einer hohen Dunkelziffer von Kindern, die trotz Schulbesuch auch nach Jahren kaum lesen und schreiben können, liegt hier für die Bildungspolitik nach wie vor eine große Aufgabe.

Ihre Armut erfahren viele Menschen auch dadurch, dass der Staat keinen Schutz vor alltäglicher Gewalt bietet. Während sich reiche Leute hinter hohen Mauern mit Stacheldraht, Warnanlagen und mit Hilfe von Wachleuten verschanzen, ist der andere Teil der Bevölkerung, der sich diesen Schutz nicht leisten kann, der Gewalt auf der Straße schutzlos ausgeliefert. Schutzgelderpressungen, Bandenkriege, Drogendelikte, Entführungen, Überfälle in Bussen, Einbrüche in Häuser und Raub auf der Straße gehören zu den Alltagserfahrungen vieler Menschen, die froh sind, wenn sie und ihre Familien davon verschont bleiben. Ein sicheres und ruhiges Leben führt, zumindest in den Städten, fast niemand. Viele erzählen von tödlicher Gewalt, die sich in ihren Familien oder im Freundeskreis ereignet hat. Korruption und die Nichtverfolgung von Straftaten sind auf dem Hintergrund der prekären wirtschaftlichen Situation der Nährboden von Gewalt. Mafiöse Strukturen wie die der Maras gedeihen in diesem Sumpf. Dazu kommt eine staatliche Gesetzgebung, die jedem Bürger über 18 Jahren den Besitz von bis zu fünf Waffen erlaubt. Faktisch aber haben auch schon jüngere Zugang dazu. Wo Millionen Waffen in den Händen der Menschen sind, werden sie nicht im Waffenschrank aufbewahrt, sondern schnell und auch bei nichtigen Anlässen eingesetzt. Die Hemmschwelle ist gering beim Gebrauch von Schusswaffen. Auf 100.000 Einwohner gerechnet lag die Anzahl der Tötungsdelikte im Jahr 2014 bei 68 (zum Vergleich: in Deutschland liegt sie bei 0,4). Trotzdem ist dies bereits ein Rückgang vom Höchststand 2012 von 86,5. Oftmals werden die Toten übel zugerichtet und auf brutale Weise zerstückelt. Im öffentlichen Leben sind bewaffnete Sicherheitsdienste allgegenwärtig. Wo selbst Getränkelastwagen und andere Dienstleistungen von bewaffneten Sicherheitsleuten begleitet werden, ist der Schutz nur eine Seite, die andere zeigt sich dann fast täglich in den Medien, wenn über spektakuläre Morde in sehr drastischer Aufmachung berichtet wird. Die Gewöhnung an die Gewalt ist eines der größten Entwicklungshemmnisse. Wenn Gewalt den Alltag beherrscht, erwürgt sie das Leben. Die Spirale der Gewalt schraubt das Bedürfnis nach Sicherheit und die damit zusammenhängenden Kosten nach oben und verbraucht Ressourcen, die in Sozial- und Bildungsprogramme einzusetzen wären, um der Gewalt den sozialen Nährboden zu entziehen.

Bis heute sind es etwa hundert Familien, die politisch wie ökonomisch in Honduras das Heft in der Hand haben. Herrschten in den sechziger und siebziger Jahren des vergangenen Jahrhunderts in wechselnder Folge verschiedene Militärdiktatoren, so haben seit den achtziger Jahren die Regierungen durch Wahlen eine formaldemokratische Legitimation. Bis zu den Wahlen am 24. November 2013 wechselten sich zwei Parteien jeweils in der Regierungsverantwortung ab. Die einflussreichen Familien hatten in jeder der Parteien ihre Mitglieder, sodass der Wechsel in der Regierung kaum zu politischen Alternativen führte. Noch im Juni/Juli 2009 lieferte Honduras der Welt das bizarre Bild einer „Bananenrepublik", als der gewählte Präsident Manuel Zelaya am 28. Juni am frühen Morgen im Pyjama aus dem Präsidentenpalast geholt, in ein Flugzeug verbracht und außer Landes geflogen wurde. Zelaya hatte sich mit dem damals umstrittenen und in seinem Verständnis als sozialistisch agierenden Präsidenten Venezuelas, Hugo Chavez, verbündet mit der Zusage, dass dessen Ölmillionen in Honduras zur Überwindung der Armut eingesetzt werden sollten. Dies hatte Zelaya, obwohl noch keine Erfolge sichtbar waren, eine gewisse Popularität eingebracht. Daher strebte er eine Volksabstimmung über eine verfassungsgebende Versammlung an, die die Verfassung dahingehend ändern sollte, seine erneute Wiederwahl zu ermöglichen. Vor allem die Nähe zu Chavez hatte im Militär und den reichen Familien einen Widerstand hervorgerufen, an dessen Ende das erzwungene Exil Zelayas stand. Die öffentlichen Reaktionen und Verurteilung dieses Putsches durch die UNO wie auch Deutschlands und anderer europäischer Staaten brachten damals Honduras in die Schlagzeilen unserer Medien. Dies bedeutete eine internationale Isolierung des Landes, die erst durch spätere Neuwahlen schrittweise überwunden werden konnte. In dem sogenannten Index der menschlichen Entwicklung (IHDI), der neben der monetären Leistung eines Landes auch Faktoren der Ungleichheit in Gesundheit, Bildung und Lebenserwartung misst und Auskunft über die sozialen Disparitäten in einem Land gibt, ist Honduras in den Jahren 2012/13 im Ranking deutlich abgerutscht. Politisch ist es nach wie vor sehr unruhig, wie es zahlreiche Demonstrationen 2015 gezeigt haben. Für das Jahr 2012 hat Casa Alianza 83 Morde an Kindern und jungen Erwachsenen bis zum Alter von 23 Jahren dokumentiert als sogenannte „außergerichtliche Hinrichtungen" oder „soziale Säuberungen". Rechtsstaatlichkeit sieht anders aus.

## HONDURAS – EIN UNBEKANNTES LAND

Im Allgemeinen finden das Land und seine Menschen in unseren Medien kaum Beachtung. Und wenn es vorkommt, bleibt manche Berichterstattung an der Oberfläche hängen. Das war der Fall, als über den „Fußballkrieg" zwischen Honduras und seinem Nachbarland El Salvador berichtet wurde. Diese Kämpfe gingen auch als 100-Stunden-Krieg in die Geschichte ein. Sie forderten im Juli 1969 mehr als 2.000 Tote und über 6.000 Verletzte auf beiden Seiten. Ausgangspunkt waren in der Tat Aggressionen von Fans im Umfeld der Qualifikationsspiele für die Fußballweltmeisterschaft 1970 in Mexiko. Tatsächlich aber ging es um die politische Forderung der honduranischen Regierung an die etwa 300.000 salvadorianischen Kleinbauern, die aus Armutsgründen über die Grenze gekommen waren und große Landesteile honduranischer Großgrundbesitzer besetzt hielten. Die Armut vieler einheimischer Bauern, die kleine Parzellen bewirtschaften, hatte nicht zuletzt auf Druck der USA zu einer geplanten Landreform geführt. Flächen, die nicht zu den Kaffee- oder Bananenplantagen gehörten, sollten einheimischen Bauern zugeteilt werden. Dazu sollten die Zuwanderer aus Salvador in ihre Heimat zurückkehren. Dies aber akzeptierte die dortige Regierung nicht. Daraus entstand der Krieg, in dem die gegenseitigen Aggressionen, die beim Fußball entstanden waren, wie ein Brandbeschleuniger wirkten. Durch das Eingreifen der Organisation Amerikanischer Staaten (OAS) konnte der Krieg nach 100 Stunden beendet werden. Ein Friedensvertrag wurde allerdings erst 1980 geschlossen.

Tragischer in seinen Auswirkungen und dichter in der Anteilnahme war alles, was der Hurrikan „Mitch" ausgelöst hatte, der 1998 weite Regionen von Honduras und seiner Nachbarstaaten verwüstete. Ausgehend von der Karibikküste setzte er sich über dem Land fest und durchzog es tagelang von Ende Oktober bis in die ersten Novembertage mit einer Schneise der Verwüstung. Die gewaltigen Regenfälle und Stürme dieser Tage zerstörten weite Teile der Infrastruktur, vor allem Straßen und Brücken, vernichteten die Ernte zu mehr als 70 Prozent und zerstörten durch Abrutschen ganze Stadtteile und Dörfer, die an Hängen gebaut waren. Etwa 1,5 Millionen Menschen waren von der Wucht des Sturms betroffen, Zehntausende waren obdachlos und ihre Habe war in Schlamm und Wasser untergegangen. Etwa 5.600 Menschen fanden den Tod, mehr als 8.000 sind bis heute vermisst und viele Menschen tragen die Folgen ihrer körperlichen und seelischen Verletzungen als Traumata mit sich.

Auf Einladung ökumenischer Gruppen kam Monate später eine Delegation aus Honduras nach Deutschland. Auf ihrem Pilgerweg führten sie ein Kreuz aus den Balken eines zerstörten Hauses mit sich, an dem sie Alltagsgegenstände wie zerrissene Sandalen, verbeulte Blechteller, eine Puppe ohne Beine und anderes mehr befestigt hatten. Sie kamen damals auch nach Moers und ließen uns an dem Leid teilhaben, das „Mitch" gebracht hatte. Wir beteten gemeinsam in der Kirche in Duisburg-Essenberg, versicherten uns unserer Solidarität, überreichten unsere Spende und gingen in einem Pilgerzug gemeinsam zu einem Anleger am Rhein. Dort stiegen sie auf das Schiff der Binnenschiffermission, das sie zu ihrer nächsten Station rheinaufwärts brachte, ein Weg gegen den Strom, als Zeichen, welcher Weg in Honduras noch vor ihnen liegen und welche es Kraft es brauchen würde, um aus dem Elend, in das der Hurrikan das Land gestürzt hatte, herauszukommen.

## HOFFNUNG FÜR HONDURAS

Jahre später habe ich in der Region Choluteca das Dorf Eben-Ezer besuchen können. Das ehemalige Dorf der Überlebenden, die nun Eben-Ezer aufbauten, war von den Wassermassen den Berg heruntergerissen worden. Wie viele der armen Familien hatten die Menschen in ihren armseligen Hütten am Berghang gesiedelt wie andere an Flussläufen oder Kanälen. Sie alle waren Opfer des Hurrikans geworden. Nun war ein ganz neues Dorf entstanden mit festen Häusern, kleinen Gärten und mittlerweile vielen Bäumen entlang der Wege. Es gab eine Kindertagesstätte, einen Brunnen und einen Wasserturm. Die Stromversorgung funktionierte nur zeitweise, auch war die Schule schon zu klein und der Wunsch nach einem Sportplatz war groß. Doch die Menschen packten an, um für sich und ihre Familien eine neue Heimat aufzubauen. Hier war Hilfe zur Selbsthilfe nicht ein formales Prinzip, sondern gelebte Wirklichkeit.

Gemeinwesenarbeit ist ein hoffnungsvoller Ansatz, Armut nachhaltig überwinden zu können. Armut wird hier nicht allein als soziale Notlage verstanden, die durch diakonische Maßnahmen überwunden werden könnte, sondern als Bruch und Angriff auf die durch die Menschen- und Kinderrechte jedem einzelnen zustehende Menschenwürde. Wo die Strafgesetzgebung und die ordentliche Gerichtsarbeit versagen oder sich nur mit Mühe behaupten können, gewinnen die Menschenrechte an Bedeutung und geben den Armen das Gefühl, überhaupt Rechte zu haben und sich auf sie berufen zu können. Wenn Kinder nicht zur Schule gehen können, weil keine da ist oder die Lehrer nicht bezahlt werden oder Gesundheitszentren fehlen oder mangelhaft ausgerüstet sind, werden elementare Menschen- und Kinderrechte verletzt. Wenn Kinder zusätzlich zu diesen Gefährdungen auch häuslicher Gewalt ausgesetzt sind, ist es fast schon ein Wunder, wenn Menschen nicht in Depression und Lethargie verfallen, sondern ihr Leben selbst in die Hand nehmen. Wichtig für den Erfolg ist es, mit den Kindern ins Gespräch zu kommen, von ihnen zu hören, worunter sie leiden und was sie ändern wollen. Dadurch entsteht eine Dynamik, die ein Slumviertel verändern kann. In den „Bordos" von San Pedro Sula, dem Armenviertel entlang der Abwasserkanäle, haben die Menschen begonnen, ganzheitlich und orientiert an den Menschenrechten, ihre Lebens- und Wohnsituation zu verändern. Daraus schöpfen sie viel Kraft für sich. Aus gewachsenem Selbstvertrauen entsteht ein zivilgesellschaftliches Engagement, das auch Einfluss nehmen wird auf die politische Entwicklung und deren Entscheidungsträger.

Viele Menschen, die in von Gewalt geprägter Armut leben, resignieren dennoch nicht. An verschiedenen Stellen, ob unter Straßenkindern, mit behinderten Kindern, in den extremen Gewaltsituationen der Maras, auf den Müllhalden, in abgelegenen Dörfern oder städtischen Slums, setzen sich Menschen ein, die dem Land ein ganz anderes Gesicht geben. Doch dazu gehört ein langer Atem. So dokumentieren die Mitarbeiter von Casa Alianza penibel jeden Mord an einem Straßenkind und fragen nach, was getan wurde, diesen Mord aufzuklären. In einzelnen Fällen waren sie erfolgreich und es kam zur Verurteilung der Mörder. Sie geben den Kindern Rechtsbeistand gegenüber denen, die sie misshandelt haben, ganz gleich, ob das der eigene Vater ist, der Angestellte eines Sicherheitsdienstes oder auch ein Polizist. Dies hat eine ganz starke Wirkung auf Kinder, die hier oft zum ersten Mal in ihrem Leben erfahren, dass ihnen wirklich jemand zur Seite steht und sie Rechte haben. Sie merken, dass sie jemand anderem wert und wichtig sind. Das ist für die Entwicklung ihres Selbstwertgefühls eine elementare Erfahrung. So hat dieses Rechtsbeistandsprogramm erreicht, dass Polizisten und Richter an Konferenzen teilnehmen und dort das Thema Straflosigkeit als öffentlicher Skandal diskutiert wird. Etliche Richter und Staatsanwälte sind bereit, die Morde aufzuklären und für die Rechte der Kinder einzutreten. Sie haben erkannt, dass nicht die Straßenkinder das Problem sind, sondern ein Ausdruck des Problems der honduranischen Gesellschaft, in der die Armen rechtlos sind. Wie aus Repression Prävention werden kann, die auf der Ebene der sozialen Arbeit schon begonnen hat, ist die politische Aufgabe, deren Umsetzung noch lange dauern wird. Resignation, die wegen der Rückschläge und der Gewalt verständlich wäre, habe ich bei den Organisationen der Zivilgesellschaft kaum wahrgenommen. Ihr Mut ist unser Ansporn, an ihrer Seite und an der Seite der Kinder zu bleiben.

Es hilft und ist wichtig, den Blick auf die Erfolge zu lenken, die die bisherige Arbeit erbracht hat. Es ist ein großer Erfolg, wenn ehemalige Straßenkinder nach Drogenentzug und sozialer wie emotionaler Stabilisierung wieder den Weg ins Leben finden. Ein ganz besonderer Erfolg ist es, wenn Kinder und Eltern wieder zusammenfinden. Ein Mädchen, das lange auf der Straße gelebt und gelitten hatte, nahm uns mit zu ihrer Mutter, die sie mit Hilfe der Sucharbeit der Casa Alianza wieder gefunden hatte. Bei beiden war die Hoffnung groß, nun einen anderen Lebensabschnitt beginnen zu können. Dazu helfen die Sozialarbeiter, begleiten sie und stärken Mutter und Tochter, diese Schritte weiter zu gehen. Viele Straßenkinder haben Schulabschlüsse machen können. Ihr Überlebenswille hat ihnen oft dabei geholfen, Arbeit zu finden und für den eigenen Lebensunterhalt sorgen zu können. Noch stehen diese Erfolge im Schatten der herrschenden Gewalt, doch viele Menschen kämpfen für ein menschen- und kinderfreundliches Honduras, das es ansatzweise schon gibt und das hoffentlich das Land verändern kann.

# INDIEN UND EINE „FACKEL DER HOFFNUNG"

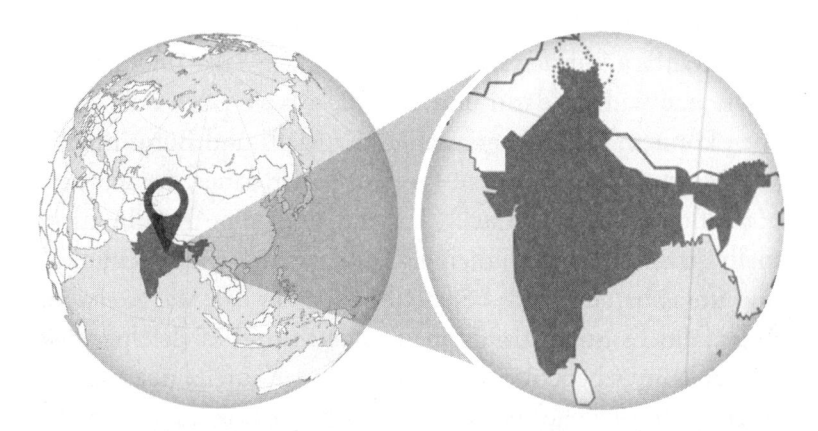

Indien ist 3 Millionen Quadratkilometer groß, misst also ungefähr ein Drittel von Europa, hat aber mit 1,2 Milliarden Einwohnern fast doppelt so viele Einwohner. Indien ist das erste Projektland der Kindernothilfe – seit 1959. Sie unterstützt inzwischen über 92.000 Kinder in 325 Projekten.

## INDIEN – LAND DER KONTRASTE

„Incredible India" – unglaubliches Indien. Mit diesem Slogan wirbt die indische Tourismusbranche und zeigt auf ihrer Homepage Bilder von Landschaften, Tempeln und Palästen in atemberaubender Schönheit. Ein unglaublicher Reichtum an Kultur und Geschichte fasziniert viele, die nach Indien reisen. Doch wer unterwegs nicht die Augen verschließt, sieht auch unglaubliches Elend entlang der Straßen. Indien ist das Land der Kontraste. Diese gibt es auch anderswo, doch in Indien sind sie, besonders in den Städten, allgegenwärtig. Da hausen Menschen auf einem schmalen Streifen Land zwischen Eisenbahnschienen und einer Straße, auf der sich Autos, LKW, Tuk-Tuks und ein Heer von Motorradfahrern im Kampf um jeden Zentimeter Straße voranschieben. Schulmädchen in ihren schmucken Uniformen und bettelnde Kinder in Lumpen begegnen sich auf den Wegen, aber nehmen sich nicht wahr. Der Verpackungsmüll von Konsumgütern aller Art und Essensreste, achtlos weggeworfen von ihren Käufern, türmen sich an Straßenecken. Tiere und oft auch Menschen wühlen darin und suchen, was sie essen oder brauchen können. Die Glitzerfassaden der Malls und Bürotürme in den Metropolen gehören zu Indien wie der Bauer, der mit dem Holzpflug sein Feld bestellt, das ihn und seine Familie nicht mehr ernähren kann. Indien als Land bezaubernder Schönheit und unfassbaren Elends beschreibt allenfalls das, was zuerst ins Auge fällt. Es ist ein Land, doch zugleich sind es viele parallele Welten, die nebeneinander existieren oder aufeinanderprallen. Auch wenn sich alle auf der Straße begegnen, ist es so, dass das Leben von unsichtbaren Grenzen geregelt wird. Doch ein Land, das so groß ist wie ein Kontinent und dessen Bevölkerung die von Europa um ein vielfaches übertrifft, hat viele Facetten, die den Blick weiten, Klischees überwinden und zu neuen Einsichten führen. Die Vielfalt des Landes lässt alle Pauschalurteile zurücktreten. Was im Folgenden auch allgemein zu Indien zu sagen ist, steht unter dem Vorbehalt, letztlich unvollständig zu bleiben. Was „unglaublich" erscheint im Schönen wie im Schweren, liegt so nah zusammen, dass sich erst am konkreten Beispiel erschließt, was hinter der Oberfläche liegt. Den Augen des Außenstehenden bleibt vieles verborgen. Für eine differenzierte Wahrnehmung braucht man Lotsen. Für mich waren das bei zwei Besuchen in der Millionenstadt Bangalore die Schwestern Dr. Prema Dhanraj und Chitra Dhananjay, die das Projekt Agni Raksha ins Leben gerufen haben. Die beiden Sanskritworte Agni und Raksha verbinden Feuer und Schutz. Sie rufen Assoziationen auf, die sich mit der religiösen Bedeutung des Feuers verbinden, seine Gefahr vor Augen führen und den Schutz des Lebens betonen. Die beiden Schwestern nennen ihr Projekt eine „Fackel der Hoffnung für Verbrennungsopfer".

## AGNI RAKSHA – WAS MUTIGE FRAUEN BEWIRKEN

Ein Drama, vor den Augen der Öffentlichkeit und in seinen Konsequenzen versteckt oder ignoriert, erleiden die durch Brandanschläge verletzten Frauen und Kinder in Indien. Vor meinem ersten Besuch im Projekt Agni Raksha hatte ich die Berichte gelesen und einige Fotos gesehen, die, behutsam und einfühlend aufgenommen, dennoch das schreckliche Geschehen nicht lindern konnten. Da war es gut, dass die beiden Leiterinnen des Projekts gekommen waren, um mich auf den Besuch in ihrem Zentrum vorzubereiten und dahin zu begleiten.

Dr. Prema, heute eine Frau von 64 Jahren und hoch spezialisierte Fachärztin für plastische Chirurgie, trägt in ihrem Gesicht die Spuren schwerer Brandverletzungen. Es ist die eigene Lebensgeschichte, die sie heute zur Hoffnung für viele Frauen und Kinder macht, die schwer verwundet, körperlich entstellt und seelisch tief verletzt zu ihr kommen. Sie ist für sie Gefährtin in ihren Schicksalen und Helferin zugleich. „Ich weiß, was diese Kinder und Frauen durchgemacht haben und immer noch erleiden. Ich kenne ihre Schmerzen", sagt sie mit ruhiger Stimme und der stillen Entschlossenheit einer Frau, die an der Seite dieser Kinder und Mütter ihre Lebensaufgabe gefunden hat. Was für sie zum Sinn ihres Lebens wurde, macht sie zu einem Vorbild, das andere Verbrennungsopfer ermutigt. Sie ist etwa acht Jahre alt, ein fröhliches Schulmädchen, das schon im Kirchenchor mitsingt, als das Unglück geschieht: Sie will Tee kochen, als der Kerosinofen explodiert und das Feuer ihr Gesicht und Teile des Oberkörpers verbrennt. Feuer lässt den Körper wie Teig werden. So verschmelzen ihr Kinn mit der Brust und der

Oberkörper mit den Armen. Die Schmerzen an Leib und Seele kann sie nur aushalten, weil ihre Familie für sie da ist. Die Wunden müssen gepflegt und verbunden werden. Jedes Essen wird zur Qual. Einen Blick in den Spiegel wagt sie erst wieder nach einem Jahr. Zwei Jahre lang kann sie nicht zur Schule gehen. Nach 28 Operationen bekommen Gesicht und Körper wieder eine Form. Die Mutter gibt ihren Beruf als Apothekerin auf, um der Tochter zur Seite zu stehen. Der Vater kann als Computerfachmann die Familie versorgen. Deren Leben richtet sich zu einem erheblichen Umfang auf Prema und ihre medizinischen Behandlungen aus. In der kritischen Phase einer Operation betet die Mutter um Heilung und gelobt, alles daran zu setzen, dass ihre Tochter einmal Ärztin werden kann.

So heilsam wie die Nähe der Familie in dieser Zeit ist, so schwer fällt es Prema, in der Öffentlichkeit ausgegrenzt, ja als „Teufelin" beschimpft zu werden. Doch sie findet ihren Weg. Sie studiert Medizin und wird nach zusätzlichen Studien und Aufenthalten in den USA zur plastischen Chirurgin ausgebildet. Sie wird eine der ersten Fachärztinnen in diesem Bereich in Indien. Viele Jahre arbeitet sie an dem bekannten christlichen Krankenhaus von Vellore und wird 1998 Nachfolgerin des Professors, der sie einst als Kind operierte. Mit dem Geld verschiedener internationaler Auszeichnungen und Preise gründet sie 2001 mit ihrer Schwester Chitra die Organisation Agni Raksha. Chitra hat als Sozialarbeiterin viel Erfahrung unter armen und ausgegrenzten Menschen gesammelt, sich in den letzten Jahren im Kampf gegen die Ausbreitung des HIV-Virus engagiert und sich um Aidswaisen und an Aids erkrankte Jugendliche und junge Mütter gekümmert. Sie hat unter den Armen in den Slums von Bangalore vielen Menschen helfen können und Erfahrung in der Projektarbeit zur Armutsbekämpfung gesammelt, besonders auch in Projekten für und mit behinderten Kindern. Als Fachfrau für Entwicklungszusammenarbeit weiß sie, welche Aspekte zusammengeführt werden müssen, damit daraus ein ganzheitliches Engagement wird, das Not nicht nur lindert, sondern langfristig überwindet.

## LEBEN MIT VERBRENNUNGEN

Mit Prema und Chitra gehe ich zu Fuß das letzte Stück des Wegs. Ein stinkender Abwasserkanal voller Müll zieht sich durch das Viertel. Kleine Handwerker und Händler bieten ihre Dienste und Waren an. Wäsche liegt zum Trocknen auf den Dächern der niedrigen Hütten am Kanal. Die Steinhäuser haben schon bessere Zeiten gesehen. Die Menschen sind arm, doch bereits einen Schritt vom Elend entfernt. Über eine enge Treppe geht es in den ersten Stock eines Hauses. Wer als Verbrennungsopfer an diese Tür klopft, wird neue Hoffnung schöpfen. Dahinter liegt das Projektbüro von Agni Raksha. Etwa 20 Frauen und Kinder verteilen sich an diesem Vormittag auf die drei Räume. Jede freie Ecke wird genutzt, denn Platz ist knapp. Hier finden Beratungen und Behandlungen statt, gibt es Angebote und Hilfsmittel für Physio- und Ergotherapie und vor allem einen Ort der Akzeptanz und des Austauschs. Kaum angekommen, weiß ich nicht, wohin ich schauen kann und soll. Die verbrannten Gesichter, die ich sehe, sind schockierend und mehr als ich in diesem Moment verkraften kann. Chitra bemerkt meine Unsicherheit und führt mich zu ihrem Schreibtisch. Nicht abgeschirmt von den anderen, doch etwas geschützt, kann ich hier später mit einer Mutter und ihrer Tochter mit Chitras Hilfe sprechen.

Sie stellt mich Amita und ihrer Tochter Janani vor und sagt, dass ich Agni Raksha als ein *„well-wisher"* unterstütze. Dann lässt sie Amita erzählen. Sie beginnt nicht vorne, mit dem Tag, an dem alles Unheil begann, sondern mit der Erfahrung, die sie machte, als sie zum ersten Mal hierher kam. Als sie die anderen Frauen sah und die Menschen, die sich um sie kümmerten, war das für sie hinter allen Verletzungen und entstellten Körpern der erste Lichtblick seit dem Tag, als sie in Flammen stand. Was sie seitdem mit Agni Raksha erlebt hat, fasst sie in einem Bild zusammen, als sie sagt: „Chitra ist wie eine Töpferin und das Projekt wie eine Töpferscheibe, durch deren Hände und Arbeit

Menschenleben neu geformt werden und Halt finden." Als ich sie frage, wie sie zu diesem Vergleich gekommen sei, antwortet sie, dass sie als Kind auf dem Land gelebt hätte, wo sie einem Töpfer zugeschaut habe. Gerne hätte sie das auch gelernt, doch dann seien die Eltern in die Stadt gezogen. Mit fünfzehn war sie verheiratet worden. Drei Töchter hat sie geboren, Janani ist die jüngste. Ständig habe ihr Mann sie mit Vorwürfen überschüttet, dass sie nur Mädchen zur Welt brächte. Er wolle und brauche Söhne. Die Mädchen wären sein Ruin. Als Tagelöhner verdiene er zu wenig und könne kaum die Familie ernähren, geschweige denn später die Mitgift für die Mädchen aufbringen, wenn sie verheiratet werden sollten. Immer wieder sei es zum Streit gekommen. Dann hätten auch die Schwiegermutter und Schwägerinnen sie beschimpft und die noch ausstehenden Teile der Mitgift eingefordert. Sie hätten gedroht, ihr etwas anzutun, falls nicht bald ein Sohn geboren würde. Als Putzfrau habe sie einige Rupien dazuverdient, gerade genug, um für die Kinder ein warmes Essen kochen zu können. Doch oft habe der Mann verlangt, das Geld herauszugeben. Dann wusste sie, dass es wieder eine schlimme Nacht werden würde. Betrunken würde er über sie herfallen, sie schlagen und ihr drohen, sich eine andere Frau zu suchen. Zu oft hatte sie das erlebt. Zu weit entfernt war ihre Familie, um Hilfe zu holen. Von der Schwiegerfamilie erfuhr sie nur Hass und Ablehnung. Für ihre Kinder wollte sie da sein. Doch die Schatten über ihrem Leben wurde sie nicht mehr los. Als der Mann wieder ihr Geld genommen hatte und verschwunden war, wuchs die Verzweiflung und ohne noch denken zu können, schüttete sie an der Kochstelle Kerosin über sich und fing Feuer. Janani stürzte sich auf sie, um die Flammen zu löschen, doch sie stand bald selbst in Flammen. Es waren Nachbarn, die die beiden retteten und in ein Krankenhaus brachten. Dort lagen sie im Flur auf einer Matte, notdürftig versorgt und verbunden. Irgendwie hatte die Nachricht von ihren Verbrennungen ihre Familie erreicht. Die kamen und halfen, so gut sie konnten. Sie brachten auch Geld auf, um die

Behandlung zu bezahlen. Doch nach vier Wochen war kein Geld mehr da und an eine Rückkehr zu dem Mann nicht zu denken. So kam Amita mit ihren drei Töchtern zu ihren Eltern zurück. Notdürftig versorgten sie die Wunden der beiden. Amita hatte Verbrennungen im Gesicht und am Oberkörper, Janani besonders an den Händen und Armen. Amita konnte nur mit großer Mühe essen und trinken. Es waren schlimme Wochen. Sie lebten, ohne zu wissen, wie es weitergehen könnte.

Doch dann hörte die Mutter von Agni Raksha. Nachbarn hatten erzählt, dass Tage zuvor auf einem Platz eine Art Theater gewesen sei. Dort hätten die Akteure auf die Gefahren von Feuer und Kerosin, heißem Wasser und den Gebrauch von Feuerwerkskörpern bei Feiern und Festen hingewiesen und besonders Kindern gezeigt, wie sie sich schützen können. Dann wäre es dramatisch geworden. In den Rollen von Mann und Frau hätten zwei Schauspieler einen Ehestreit gespielt, in dem der Mann der Frau gedroht habe, sie zu verbrennen. Danach hätte eine Frau von ihren Verbrennungen berichtet und von den Menschen, die ihr geholfen haben und gesagt, wo man diese Hilfe in Bangalore finden könne. Von den Nachbarn hatte die Mutter die Adresse bekommen. Sie fasste all ihren Mut zusammen, suchte das Zentrum von Agni Raksha und hatte das Glück, direkt Chitra zu treffen. Ihr konnte sie ihr Herz ausschütten und alles erzählen, was geschehen war. Chitra versprach zu kommen. Zwei Tage später kam sie mit einer Krankenschwester, die sich einen Überblick über die Verletzungen verschaffte und die Wunden von Amita und Janani versorgte. Sie sahen die prekären Wohnverhältnisse und hörten die Sorge der Eltern, dass ihre finanziellen Mittel aufgebraucht seien. Chitra konnte den Eltern die Angst nehmen und erklären, dass sie Amita und ihre Tochter in das Programm der häuslichen Pflege aufnehmen würden. Eine Krankenschwester käme nun regelmäßig, die Wunden zu versorgen. Für die Eltern entstünden keine weiteren Kosten.

Was ihre Hilfe bewirken kann, erklärt Chitra später an einem geflügelten Wort. Das beschreibt eigentlich die Ausweglosigkeit der Situation. Doch für alle bei Agni Raksha ist es eine Herausforderung, dass nicht wahr wird, was das Sprichwort sagt: „Wenn ein Verbrennungsopfer überlebt, stirbt die ganze Familie, wenn das Opfer stirbt, stirbt es allein." Für viele Verbrennungsopfer sind die Tage und Wochen in den staatlichen Krankenhäusern eine zusätzliche traumatische Erfahrung. Die medizinische Versorgung ist notdürftig und mitzuerleben, wie andere unter ihren Verbrennungen leiden oder auch sterben, lässt bei vielen den Wunsch aufkommen, zu Hause zu sein und dort zu sterben. Hier nun beginnt die Familienarbeit von Agni Raksha. Die Mitarbeiter kommen zu den Patienten, versorgen die Wunden und unterstützen Opfer und Angehörige emotional und durch praktische Ratschläge. Sie leiten die Angehörigen an, sachgemäß zu pflegen und Infektionen vorzubeugen. Oft erweitert sich die Hilfe auf die ganze Familie, besonders auf die Kinder, die nicht verletzt sind, aber ständig mit den Schmerzen der Mutter oder Geschwister leben müssen. Dies gilt auch umgekehrt, wenn Mütter und auch Väter mit den Verbrennungen ihrer Kinder leben müssen und oft an die Grenzen ihrer emotionalen und auch finanziellen Möglichkeiten geraten. In allem Leid zeigen Kinder oftmals in solchen Situationen eine Resilienz, eine Kraft, die ihnen hilft, an den schweren Erfahrungen nicht zu zerbrechen.

Mehr als ein Jahr ist seither vergangen. Über Amitas Wunden haben sich Narben gebildet, die Haut hat Falten geworfen und sich an manchen Stellen verfärbt. Das Haus hat sie seither nicht verlassen. Mit einem Tuch vor ihrem Gesicht und viel Herzklopfen ist sie vor einigen Wochen zusammen mit Janani und ihrer Mutter zum ersten Mal in die Projekträume von Agni Raksha gekommen. Noch heute, nach vielen weiteren Monaten, schlüge ihr Herz vor Dankbarkeit, sagt sie. Die Gemeinschaft mit den anderen Verbrennungsopfern helfe ihr und ihrer Tochter, die Anfeindungen draußen besser zu ertragen, die Blicke voller Abscheu und die Augen die wegschauen, die hässlichen Bemerkungen, dass sie eine Hexe sei und vieles mehr. Hier im Zentrum lernen Mutter und Tochter von den Therapeuten und anderen Betroffenen, ihre Haut zu massieren. Das macht die Narben und Falten weicher und lindert die Spannung in der Haut, die bei jeder Bewegung Schmerzen hervorruft. Jananis Hände sind wieder etwas beweglicher geworden und das Essen und Trinken fällt Amita schon leichter. Sie hofft, dass Dr. Prema ihr nach erfolgreicher Operation das Gesicht wieder ansehnlicher machen kann. Darauf setzt sie ihre Hoffnung. Auch Janani hat gute Aussichten, durch die Angebote der Ergotherapie und einer späteren Operation ihrer Hände mehr Beweglichkeit und Feinmotorik zurückzugewinnen.

Wie weit sie selbst schon gekommen ist, will uns Janani im Raum nebenan zeigen. Dort ist ein Holzrahmen aufgespannt mit von oben nach unten laufenden Bändern, in die sie nun quer andere Bänder flicht. Andere Patienten haben eine Art Setzkasten vor sich, in dem sie Klötze unterschiedlicher Größe einordnen. Wer sich hier in der Ergotherapie über die kleinen und großen Erfolge freuen kann, spürt, „dass es ein Leben jenseits der Verbrennungen gibt", erklärt Chitra. Reduziert auf ihre Schmerzen, der körperlichen Hilflosigkeit ausgeliefert, seelisch gebrochen und oft von Angehörigen, Freunden und Nachbarn verlassen, vegetieren viel Verbrennungsopfer am äußersten Rand des Lebens. Nicht nur die Körper sind verwüstet, sondern im Feuer geblieben sind oft aller Lebensmut und das Vertrauen zu sich selbst. Wer so lebt, so sagt Chitra, „hat sich oft selbst wie in eine Muschel zurückgezogen." Umso wichtiger ist der Kontakt mit anderen Betroffenen. Wenn Frauen und Kinder andere Menschen mit ähnlichen Wunden sehen, ist es wie ein Spiegel, in den sie selbst schon lange nicht mehr blicken. Doch wenn sie anderen mit ihren Schicksalen beggenen, in ihre Augen sehen und ihre Geschichten hören, schauen sie auch anders auf ihr eigenes Leben. Sie kommen, so fährt Chitra fort, „wahrnehmbar heraus aus dem Schatten der Schmerzen und der Furcht". Agni Raksha ist „eine starke Botschaft an die Öffentlichkeit, dass die Verbrennungsopfer nicht nur verwundet und hilflos sind, sondern leben wollen und können". Weil es in dieser Phase vielen Opfern schwer fällt, sich selbst anzunehmen, und die Ausgrenzungen sie belasten, kommt es zu Depressionen, die Patienten isolieren sich selbst und die Suizidgefahr wächst. Daher legt Agni Raksha sehr großen Wert auf die von Fachleuten begleitete gegenseitige Beratung der Verbrennungsopfer. Doch dem Projekt fehlt es gerade in diesem Bereich an qualifizierten Mitarbeitern.

Chitras Worte geben weiter, was ihr Frauen und Kinder anvertrauen. Doch sie machen auch ihr selbst Mut, denn sie weiß, wie lange die Wege zurück ins Leben sind und wie weh die Schmerzen tun, bis das Ziel erreicht ist. Geradezu hautnah hatte sie es bei ihrer Schwester Prema jahrelang miterlebt. Neben dem Therapiezentrum und Büro hat das Projekt in der Nähe einen Krankensaal und Behandlungsräume für stationäre Aufenthalte eingerichtet. Dahin war Prema uns schon vorausgegangen, etwas weiter die Straße herunter. In einem großen, durch Raumteiler untergliederten Raum, finden hier Patientinnen Aufnahme. Einige kommen frisch operiert hierher, bei anderen sind die Verbrennungen so stark, dass sie nicht zu Hause gepflegt werden können. Anfangs gab es hier sechs Betten, nun stehen 15 zur Verfügung, dazu einige Therapieplätze für besondere Anwendungen der Physiotherapie, die über die Massagen hinausgehen. Ein Behandlungsraum, Schwesternzimmer, sanitäre Einrichtungen etc. ergänzen das Angebot, das Dr. Prema „Safe Haven" (sicheren Hafen) nennt. Operieren muss sie im *Rajakeshwari Medical College and Hospital*". Jede siebte Patientin etwa findet Aufnahmen im Safe Haven. Dr. Prema hofft, bald einen eigenen Operationsraum bauen und einrichten, um mehr Patienten helfen zu können. Die Warteliste ist lang.

## BRANDHERDE LÖSCHEN

Für ganz Indien schätzt Agni Raksha die Anzahl der Verbrennungsopfer auf jährlich zwei Millionen, wobei etwa die Hälfte daran stirbt. Je bekannter Agni Raksha wird, desto mehr Menschen suchen dort Hilfe in ihrer Not. Sie medizinisch zu versorgen und seelisch zu begleiten, allen wie ein „Töpfer" äußerlich und innerlich wieder eine Lebensform zu geben, ist der Schwerpunkt des Projekts. Doch ihre Vision geht darüber hinaus. So heißt es in ihrem Grundsatzprogramm: „Agni Raksha glaubt, dass ein durch Feuer zerstörtes Leben nicht das Ende, sondern der Beginn eines neuen Anfangs ist. Agni Raksha bietet Verbrennungsopfern aus armen Familien, besonders Frauen und Kindern einen umfassenden Prozess der Rehabilitation. Dazu gehört eine ganzheitliche medizinische Versorgung wie auch die Möglichkeit Einkommen schaffender Maßnahmen."

Verbrennungsopfer gibt es nicht nur unter den Armen. Anschläge, Unfälle und Suizidversuche von Frauen kommen in allen gesellschaftlichen Schichten vor. Doch die Verbrennungsopfer in den Slums wie auch unter den Armen auf dem Land haben noch geringere Überlebenschancen. Für sie, die „Ärmsten der Armen", will das Projekt da sein. Daher hat sich Agni Raksha entschlossen, unter den Armen zu leben und zu arbeiten. Von März 2014 bis April 2015 hat das Projekt 1.907 Menschen geholfen, 284 davon waren neue Fälle. Im ganzen Land gibt es etwa nur 40 Einrichtungen in Krankenhäusern zur Behandlung von schweren Brandverletzungen. Die Zahl der plastischen Chirurgen lag 2014 bei etwa 20. Zum Glück kommen zum Beispiel Fachärzte aus Europa und operieren ehrenamtlich Brandverletzte. Eine Organisation wie Agni Raksha gibt es in ganz Indien bisher kein zweites Mal. In der offiziellen Gesundheitspolitik der Regierung spielen Brandverletzungen eine marginale Rolle.

Die Mitarbeiterinnen und Mitarbeiter von Agni Raksha arbeiten im wahrsten Sinn des Wortes an den Brandherden des Lebens, doch die Flammen schlagen immer wieder zu. Sie helfen den Opfern, können aber den Brand insgesamt nicht löschen. Sie könnten verzweifeln oder resignieren, aber genau das tun sie nicht. Als ich Chitra darauf anspreche, erinnert sie mich daran, dass es das Theaterstück in Amitas Viertel war, das ihr letztlich die Tür zur Therapie geöffnet hat. Medizinische Hilfe und Aufklärung der Öffentlichkeit gehören zusammen. Das Projekt hat besondere Angebote für Lehrerinnen und Lehrer und für Mitarbeiter im Gesundheitswesen erarbeitet, um sie in Maßnahmen der ersten Hilfe zu schulen. Vielversprechend sind die Angebote für Frauengruppen. Hier können die Themen der häuslichen Gewalt und der Suizidversuche angesprochen werden. Sie stärken das Selbstvertrauen der Frauen, planen mit ihnen Wege, wie sie sich untereinander helfen und schützen können. Frauen, die sich über ihre Schicksale austauschen, erkennen sich in den Schicksalen der anderen, werden mutiger und sind weniger suizidgefährdet, weil sie nicht mehr allein sind. Ein Netzwerk von Frauen ist da, das sie in akuter Gefährdung auffangen kann. Die beste Medizin zur Heilung ist Vorbeugung. Darum hat das Team die Öffentlichkeitsarbeit deutlich verstärkt. Das Straßentheater geht nun auch in die Schulen und tritt vor Kindern auf. Im Jahr 2015 gab es eine große Nachfrage von Schulen, da es bei dem in der indischen Kultur wichtigen Lichterfest „*Deepavali*" viele Verbrennungsopfer durch Feuerwerkskörper bei Kindern gab. Dazu gibt es Kurse, die den Umgang mit Feuer trainieren und Menschen zeigen, wie sie im Fall einer Brandattacke dem Opfer helfen können, ohne sich selbst zu gefährden. Um eine noch breitere Wirkung zu erzielen, wurde ein Fernsehspot entwickelt, der Menschen helfen soll, ihre Feuerstellen zu sichern. Er zeigt, wie sie ihre Kinder vor dem Feuer schützen können. Denn viele Verbrennungen, gerade auch bei Kindern, gehen auf häusliche Unfälle und damit auf Unwissenheit oder Gleichgültigkeit im Umgang mit Feuer zurück. Nicht immer ist direkte Gewalt im Spiel. Aber wenn die häusliche Enge groß ist und acht Personen sich 12 Quadratmeter teilen und um eine offene Kochstelle herum leben müssen, bleiben Unfälle nicht aus. Die Gewalt der Armut fordert auch ihre Opfer. Nicht immer ist es Kerosin, sondern auch heißes Wasser, das sich über Kinder ergießt. In der drangvollen Enge der Behausungen passiert es immer wieder, dass ein Topf von der Feuerstelle gestoßen wird oder eine Lampe umfällt, die das Haus in Brand steckt.

Vorbeugung und Aufklärung bedeuten auch, Licht in das Dunkel der Gewalt zu bringen. Frauen, die über Jahre gedemütigt wurden und in aller Armut wirtschaftlich ganz vom Einkommen ihrer Männer abhängig sind, fällt es sehr schwer, erlittene Gewalt gegenüber der Polizei anzuzeigen. Und wenn es eine Frau versucht, erlebt sie nicht selten, dass ihr Anliegen nicht ernstgenommen wird und sie nicht als Opfer gesehen, sondern als Schuldige verdächtigt wird. Eine Strafverfolgung oder gar Verurteilung ist die Ausnahme. Durch ihren ganzheitlichen Ansatz geht Agni Raksha auch hier neue Wege. Mit Polizistinnen in drei Stationen in Bangalore haben sie erste Kontakte geknüpft. Hier werden Frauen gehört, können sie ihre Angst überwinden und die erlittene Gewalt zur Anzeige bringen. Auch haben sie Rechtsanwältinnen eingeschaltet, die schon 420 Fälle zur Anzeige gebracht haben. Doch weitere Schritte müssen folgen. Solange die meisten Täter straflos davonkommen und für sich ein „Recht auf häusliche Gewalt" reklamieren, wird sich wenig ändern. Agni Raksha setzt sich dafür ein, dass die Polizei ihre Verantwortung wahrnimmt. Durch Gerichtsprozesse und Verurteilungen soll diese Gewalt deutlicher in der Öffentlichkeit wahrgenommen und gesellschaftlich geächtet werden. Ob dies mit Polizistinnen gelingt, muss sich noch erweisen. Denn der Schutz der Täter durch korrupte Polizisten ist nach allem, was die Opfer berichten, Teil des Systems. Wenn aber die Täter bestraft werden, haben es die Opfer leichter, sich in der Öffentlichkeit zu bewegen. Ihnen dies zu ermöglichen, ihnen die Angst vor sich selbst und ihrem Aussehen zu nehmen, damit sie selbstbewusster in der Öffentlichkeit auftreten können, ist das Ziel aller medizinischen Hilfe und psychologischer Beratung.

Es wird lange dauern, bis die Öffentlichkeit den Verbrennungsopfern gegenüber mehr Akzeptanz aufbringen wird. Persönlich werden die Frauen und Kinder immer wieder erleben, wie Menschen im Bus oder auf der Straße von ihnen abrücken und sie meiden, werden sich hässliche und diskriminierende Bemerkungen anhören und Einsamkeit und Ausgrenzung aushalten müssen. Die Frauen und Kinder durch Beratung zu stärken, bleibt eine dauerhafte Aufgabe. Das Projekt organisiert daher immer wieder Ausflüge, die besonders gerne von den Kindern angenommen werden, aber auch von den Müttern. Da Eltern wegen der negativen Reaktionen der Menschen, die ihre Kinder sehen, davor scheuen, mit ihnen in der Stadt unterwegs zu sein, isolieren sie die Kinder vom Umfeld ihres Lebens. Ein fröhlicher Tag in der Gemeinschaft der brandverletzten Kinder in einem Park, hilft ihnen für ein paar Stunden, die Schmerzen zu vergessen, verbindet sie mit dem Leben draußen, macht das Leben der Verbrennungsopfer öffentlich und kann langfristig für beide Seiten ein Mehr an Akzeptanz ermöglichen. Was innerlich wächst, muss auch von außen unterstützt werden. In gemeinsamen Beratungen erfahren Frauen und Kinder, oft zum ersten Mal in ihrem Leben, dass sie Rechte haben, die sie einfordern und auch Ansprüche gegenüber der Gesellschaft und dem Staat vorbringen können. Rechtsberatung und Rechtshilfe gehören daher zum Programm. So steht ihnen als Verbrennungsopfern wie anderen Menschen mit Behinderungen der Anspruch auf Behindertenausweise zu, um Vergünstigungen bei Bus und Bahn oder schnellere Behandlungen bei medizinischen Untersuchungen zu erhalten. Im Jahr 2015 hat Agni Raksha 30 Betroffenen zu den Ausweisen verholfen und viele Türen geöffnet, die das Leben der Verbrennungsopfer erleichtern können. Das ist ein erster Erfolg. Was sich wie ein administrativer Vorgang anhört, ist in jedem einzelnen Fall ein Kampf, der viel Ausdauer und Zivilcourage fordert.

Alle physischen und psychischen Maßnahmen haben zum Ziel, dass die Opfer, so weit es geht, wieder ein eigenständiges

Leben führen können. Sie sollen lernen, mit ihren Verletzungen zu leben, ohne zu verzweifeln. Dies bedeutet, dass sie für ihren Unterhalt und den ihrer Kinder selbst sorgen können. Daher versucht das Projekt, Frauen an Selbsthilfegruppen (Informationen dazu im Kapitel über Sambia) zu beteiligen, die ihnen durch das Ansparen von Kapital in der Gruppe kleine Kredite ermöglichen. Sie können das Geld zu Einkommen schaffenden Maßnahmen einsetzen, wirtschaftlich selbstständig werden und den Kredit auch zurückzahlen. So haben die Frauen neben den Treffen in den Räumen des Projekts eine weitere soziale Bindung zum Leben. Im Jahr 2015 waren Frauen in 18 Gruppen eingebunden. Mit der Kreditvergabe und den damit verbundenen Aktivitäten sind die monatlichen Treffen eine gute Gelegenheit, sich über alle familiären Fragen, Ernährung und Hygiene auszutauschen. Hier erfahren die Frauen ganz persönlich, was es für sie ausmacht, wenn Chitra davon spricht, dass „ein durch Feuer zerstörtes Leben nicht das Ende ist, sondern der Beginn zu einem neuen Anfang". Die Frauen und Kinder bleiben vom Feuer gezeichnet, aber in ihrer Würde bleiben sie Menschen und nicht nur Verbrennungsopfer. Hier plant das Projekt neue Wege, um durch eigene Werkstätten und durch Heimarbeit Produkte herzustellen, die am Markt gefragt sind und verkauft werden können. Sollte das gelingen, wäre es für viele Frauen ein Schritt aus der Armut hinaus in ein neues Leben. Bei Agni Raksha setzen sich Frauen für Frauen ein. Verbrennungsopfer erfahren Solidarität und helfen sich als Betroffene untereinander. Die Opfer werden sichtbar und gewinnen ihre Stimme zurück. Sie erleben andere Netzwerke, die sich für die Rechte der Frauen und Kinder einsetzen. Aus persönlicher Ohnmacht entwickelt sich gemeinsame Stärke. Frauen entdecken ihre Rechte und fassen Mut, für sie einzutreten.

# URSACHEN UND ÜBERWINDUNG VON GEWALT

„Incredible India" – unglaubliches Indien. Bei Agni Raksha begegnen sich die beiden Bedeutungen des Slogans: eine grausame, kaum zu glaubende Wirklichkeit und ein außerordentlich glaubhaftes Engagement. Es mutet an wie der Kampf Davids gegen Goliath. Anders als in der biblischen Geschichte ist er noch nicht entschieden. Er dauert noch an. Die Bedrohung Goliaths scheint sogar mächtiger zu werden. Die hohe Zahl der Verbrennungsopfer, aber auch Schlagworte wie Abtreibungen weiblicher Föten (Fötizide), Mitgift- oder Ehrenmorde an Frauen (Femizide) verstärken diesen Eindruck. Was in den letzten Jahren aus Indien berichtet wurde, passt nicht in das harmonische Indienbild, das als Mythos oft die harte Wirklichkeit überlagert. Massenvergewaltigungen wie an der Studentin Jyoti Singh Pandey im Dezember 2012 in New-Delhi oder auch an Touristinnen verdichten sich medial zu einem Gesamteindruck wachsender sexueller Gewalt in Indien. Was Frauen erleiden, darf nicht beschönigt werden. Um aber die Ursachen ihres Leids zu erkennen und zu bekämpfen, hilft nur ein differenzierter Blick weiter.

Bei den Brandanschlägen sind die Mitarbeiterinnen von Agni Raksha immer wieder mit dem Problem der Mitgiftforderungen konfrontiert. Obwohl diese durch ein Gesetz seit 1961 verboten sind und die Gleichstellung von Mann und Frau in der Verfassung garantiert ist, beherrscht diese „Tradition" das Denken und Handeln vieler Menschen in Indien. Da die meisten Ehen zwischen den Familien arrangiert oder heute in Kreisen der Mittelschicht unter Beteiligung der künftigen Eheleute auch gemeinsam arrangiert werden, legt man dort auch die Höhe der Mitgift fest. Wichtig ist, dass die Familien der Heirat zustimmen. Ansonsten wäre das Risiko zu hoch, in einem Konfliktfall ohne den Schutz der Familie leben zu müssen. Die zukünftigen Ehefrauen wissen, dass sie in ein Leben eingebunden sind, das von Traditionen bestimmt ist, die sie zu erfüllen haben. Sie werden auf die Rolle der Ehefrau hin erzogen. Dazu gehört für Frauen, ihre persönlichen Wünsche und Bedürfnisse zugunsten der Familie zurückzustellen. Es heiraten immer zwei Familien und nicht nur Mann und Frau. Traditionell zieht die Frau zur Familie des Ehemanns. Im neuen Haushalt ist sie zunächst eine Fremde und wird nicht selten von der Schwiegermutter und den Schwägerinnen auch so behandelt. Erst durch die Mutterschaft und die Geburt eines Sohnes gewinnt sie an Status und Anerkennung. Oft werden Mädchen, deren Familien arm sind, vor der Volljährigkeit verheiratet, da dann der Brautpreis noch niedrig ist. Das bedeutet aber nicht, auf zukünftige Forderungen zu verzichten. Töchter müssen ihrem Status entsprechend eine Mitgift in die Schwiegerfamilie einbringen. Weil zum Zeitpunkt der Eheschließung nicht immer schon der vollständige Brautpreis erbracht werden kann, bestehen die Verpflichtungen auch noch nach Jahren weiter und werden oft vom Ehemann und seiner Familie massiv eingefordert, zum Beispiel, um die eigenen Konsumansprüche zu befriedigen oder aufgelaufene Verschuldungen auszugleichen. Wenn die Familie der Frau diese Forderungen nicht erfüllen kann und es durch die finanzielle Not und Armut weitere Konflikte gibt, kann sich die Lage so verschärfen, dass es zu Angriffen und/oder Suiziden kommt.

Wie Amita halten die Frauen oft über lange Zeit Demütigungen und häusliche Gewalt aus. Sie fühlen sich hilflos und ausgeliefert. Wenn sie hören, dass Frauen bei der Polizei keine Hilfe finden, ja sogar zusätzliche Schikanen ertragen müssen, ermutigt das nicht, auch diesen Schritt zu wagen. Die Scheidungsraten sind trotz der Veränderungen im städtischen Milieu der wachsenden Mittelschicht noch niedrig. Bei einer Scheidung müsste die Mitgift zurückgezahlt werden. Bei einem Mord, als Haushaltsunfall getarnt, bleibt die Mitgift beim Mann. Er kann wieder heiraten und sich und seine Familie durch eine neue Mitgift bereichern. Die Frauen können meistens nicht zu ihrer Familie zurückkehren. Denn das wäre eine Schande für alle und gegen die Ehre. Allein zu leben, ist nach der Tradition keine

Alternative und für vielen Frauen trotz der Konflikte keine Lösung. Da erscheint es besser, offiziell verbunden zu bleiben, aber faktisch nebeneinander her zu leben. Dennoch zeigt das Beispiel Amitas auch, dass es eine Stufe der Eskalation gibt, in der es kein Zurück mehr geben kann. Das ist dann gegeben, wenn das Leben der Kinder bedroht ist.

Dies ist besonders dann der Fall, wenn nicht Söhne sondern, wie bei Amita, wiederholt Töchter geboren werden. Der Ausruf: „Es ist ein Mädchen!" nach einer Geburt kommt dann nicht aus einem frohen Herzen, sondern nimmt angstvoll die ungewisse Zukunft vorweg. Kaum geboren wird das junge Leben schon als Belastung gesehen im Blick auf kommende Mitgiftzahlungen. So sagt ein Sprichwort: „Mädchen großzuziehen ist wie das Gießen von Nachbars Garten." Gesegnet ist eine Frau, der man wünscht: „Mögest du Mutter von 100 Söhnen sein." Unter diesem Druck ist es kein Wunder, wenn bei sehr vielen Schwangerschaften vor allem aus dem Grund der Geschlechtsbestimmung Ultraschalluntersuchungen von Müttern selbst gewollt und von Schwiegerfamilien massiv gefordert werden. Die Bestimmung des Geschlechts durch diese Untersuchungen ist durch ein Gesetz von 1994 verboten. Es gibt aber viele Wege, dieses Verbot zu umgehen, was die hohe Zahl der Schwangerschaftsabbrüche bei Mädchen zeigt. Es ist ein grauer Markt entstanden, in dem diese Untersuchungen vorgenommen und die Abtreibungen durchgeführt werden.

Über die letzten Jahrzehnte hat sich das Gleichgewicht der Geschlechter dramatisch zu einem deutlichen Überschuss an Jungen und Männern entwickelt. Das UN-Kinderhilfswerk Unicef hat Zahlen ermittelt, die auf 2006 zurückgehen. Damals verlor Indien täglich durch Schwangerschaftsabbrüche 7.000 Mädchen. Schon in den 90er-Jahren hat der Soziologe Amartya Sen den Begriff der „fehlenden Frauen" geprägt. Nach der Volkszählung von 2011 wird das Verhältnis von 914 Mädchen zu 1.000 Jungen angegeben. Hinter dieser Durchschnittszahl stehen regionale Unterschiede. Es gibt Berechnungen, die die

Zahl der „fehlenden Frauen" mit 25 Millionen angeben. Amartya Sen hat in seiner damaligen Aussage nicht nur Abtreibungen, Frühverheiratungen und Mitgiftmorde im Blick gehabt, sondern auch berichtet, dass Mädchen geringeren Impfschutz haben, bei Krankheiten schlechter versorgt werden als Jungen und auch beim Essen benachteiligt werden. Insgesamt ist die Kindersterblichkeit in Indien nach den Zielen der Milleniums-Entwicklungsziele von der Jahrtausendwende bis 2015 zurückgegangen, doch mit 1,7 Millionen Kindern in den ersten fünf Lebensjahren bezogen auf etwa 27 Millionen Geburten pro Jahr noch zu hoch. Die Hauptursachen werden in der unzureichenden medizinischen Versorgung und der Mangelernährung liegen, die als sogenannter „versteckter Hunger" chronisch geworden ist und mit 43 Prozent in dieser Altersgruppe eine höhere Rate an untergewichtigen Kindern erreicht als in den Staaten Afrikas südlich der Sahara.

Man darf nicht vergessen, dass 2010 immer noch 470 Millionen der 1,2 Milliarden Menschen an der Armutsgrenze leben, ihnen also weniger als 2 Dollar am Tag zur Verfügung stehen. Für die Weltbank liegt extreme Armut vor, wenn pro Tag 1,25 Dollar zur Verfügung stehen und „normale" Armut bei 2 Dollar. Die indische Regierung rechnet anders. Sie unterscheidet zwischen Stadt und Land und legte 2011 einen Tagesbedarf von 32 Rupien für die Stadt und von 27 Rupien für das Land als Armutsgrenze fest, beides Beträge deutlich unter einem Dollar. Damit verringert sich statistisch die Zahl der Armen auf etwa 300 Millionen. Aber nicht Statistiken lösen das Armutsproblem, sondern soziales und politisches Handeln. Die Mehrzahl dieser Menschen gehört zu der armen Landbevölkerung oder wohnt in den riesigen Slumvierteln der großen Städte. Unter den Armen finden sich viele Menschen aus den niedrigen Kasten. Besonders hoch ist der Anteil der Armen unter den *Dalit*, (die Unberührbaren/broken people) und den *Adivasi* (Ureinwohner). Aber auch bei eigenem Landbesitz ist die Existenz kleinbäuerlicher Familien gefährdet. Einmal verschuldet, kommen sie nie mehr aus der Schuldknechtschaft heraus, ja sie vererben sie an ihre Kinder. Geldverleiher zerstören hier mit ihren exorbitanten Zinsforderungen das Leben der Familien. Die Anzahl der Kleinbauern, die nur noch Selbstmord als Ausweg sehen, ist sehr groß. Im Zeitraum von 1997-2007 haben sich etwa 180.000 Bauern das Leben genommen. Dabei werden nur die als Bauern gezählt, die eigenes Land bewirtschaften. Eine Statistik erfasste 2007 116 Millionen Landwirtschaftsbetriebe mit einer Durchschnittsgröße von 1,4 Hektar. Das bedeutet, dass es bei vielen Familien allenfalls für das eigene Überleben reicht. Die Zahl der besitzlosen Tagelöhner auf dem Land liegt bei etwa 35 Prozent. Die einstmals an sozialen Kriterien ausgerichteten Mikrofinanzinstitute sind in Indien zu einem lukrativen Geschäftsmodell geworden, das zunehmend Frauen in die Verschuldung treibt und auch ein Grund für Suizide durch Verbrennen ist. Die materielle Armut der Menschen verhindert, dass sie ihr Leben selbstbestimmt führen können. Im Überlebenskampf bleiben sie ausgeschlossen und ausgegrenzt vom Zugang zu Bildung, medizinischer Versorgung und der aktiven Teilnahme am gesellschaftlichen Leben.

Fötizide und Femizide kommen in allen gesellschaftlichen Schichten vor. Gerne als Familienangelegenheiten kaschiert, werden nur wenige Fälle zur Anzeige gebracht und juristisch bearbeitet. Wo immer es sich um Straftatbestände handelt, haben es die Betroffenen schwer, sie überhaupt vor Gericht zu bringen. Zum einen schleppen sich Gerichtsverfahren, von einigen spektakulären Fällen abgesehen, in Indien über Jahre hin, kosten viel Geld und haben in diesem Tabubereich bisher nur zur Verurteilung weniger Täter geführt. So sind es oft Betroffene aus der Mitteschicht, die ihr Schicksal öffentlich machen. Was sie berichten, bringt stellvertretend die Schicksale zur Sprache, die ansonsten stumm bleiben. Es sind Organisationen wie Agni Raksha, die hier zur Stimme der Stummen werden. Sie sind Teil einer stärker werdenden Zivilgesellschaft, die präsent ist. Tausende haben nach den Vergewaltigungen in New Delhi protestiert.

Frauengruppen sind da, die sich einsetzen gegen die Mitgiftforderungen, die Mädchen stärken und die Einhaltung der Gesetze fordern. Schon vor der Unabhängigkeit Indiens 1947 bis heute haben Frauengruppen Rechte gefordert und auch durchgesetzt. Der Schutz von Frauen und Kindern und ihre Rechte, sich am öffentlichen Leben zu beteiligen, sind durch die Fülle der Gesetze gewährleistet. Der indische Staat hat sich auf die Erklärung der Menschenrechte von 1948 ebenso verpflichtet wie auf die Einhaltung der UN-Übereinkommen zu den Rechten der Frauen und Kinder. Deutlich legt zum Beispiel Artikel 19 der Kinderrechtskonvention das Recht des Kindes fest, „vor jeder Form körperlicher oder geistiger Gewaltanwendung, Schadenzufügung oder Misshandlung geschützt zu werden".

Auch arbeiten Frauen heute in allen Berufen. Die einen sind aus Armutsgründen und Kastengründen gezwungen, die niedrigsten Arbeiten zu verrichten, die anderen können beruflich dank einer guten Ausbildung und ihres sozialen Rangs bis in die höchsten Hierarchiestufen der Gesellschaft und des politischen Lebens aufsteigen. Beruf und Familie zu vereinbaren ist in manchen Betrieben und öffentlichen Institutionen sogar besser geregelt als in Deutschland. Auf der anderen Seite schuften Frauen im System der Schuldknechtschaft lebenslang ohne je eine Verbesserung ihres Schicksals zu erreichen. Was die Frauen in Armut besonders belastet, ist die mangelnde Durchsetzung der vorhandenen Gesetze. Wenn Täter kaum verfolgt und bestraft werden, treiben sie ihr Unwesen weiter. Dass eine einzelne Frau wie Amita sich in der erlittenen Gewalt rechtlos und ohnmächtig fühlt, liegt auf der Hand. Alleine kann sie kein David sein. Sie hat keine Schleuder und weiß nicht, woher sie die Steine nehmen soll. Seit aber Agni Raksha ihr zur Seite steht, ist das anders.

Agni Raksha ist ein „David" unter vielen anderen, die Goliath bekämpfen und in seine Schranken weisen. Dies ist noch kein Sieg, aber schon ein Erfolg. Dr. Prema und Chitra haben mit Agni Raksha angefangen wie der barmherzige Samariter. Sie nehmen sich der Opfer an. Sie fragen nicht nach Kaste oder Religion. Sie sehen das Leid, verbinden die Wunden, holen die Frauen und Kinder aus ihrer unheilvollen Lage heraus, kümmern sich um die Heilung, suchen einen sicheren Ort und kommen für die Nachsorge auf. Das hat ihnen viel Kraft gegeben, nun auch weiterzugehen als der barmherzige Samariter, um im Bild zu bleiben: die Straße sicherer zu machen und präventiv die Zahl der „Überfälle" zu verringern. Sie haben das Schicksal der Verbrennungsopfer an die Öffentlichkeit gebracht. Das wirkt in die Gesellschaft hinein und verändert sie. Gerade weil das Projekt gut vernetzt ist und mit anderen Initiativen und Organisationen zusammenarbeitet, macht es Frauen mutiger, ihre Interessen zu vertreten. Was dort geschieht, holt das Leid der Frauen und Kinder aus der Tabuzone heraus. In der Summe haben die vielen zivilgesellschaftlichen Organisationen nicht nur Opfern geholfen, sondern sie stärken viele Menschen, sich für ihre Rechte einzusetzen und mehr Rechtssicherheit zu schaffen. Amita hat sich vorgenommen, sich nicht mehr zu verstecken, sondern an den Theaterprogrammen von Agni Raksha mitzuwirken. Sie will jungen Müttern zeigen, bei erlittener Gewalt nicht zu warten, nicht die Schuld bei sich zu suchen und in Aggressionen gegen sich selbst zu lenken, sondern sich mit anderen Frauen und deren Kindern für die verbrieften Rechte einzusetzen.

## GEWALT GEMEINSAM BEKÄMPFEN

In Indien erzählt man sich gerne die Anekdote, dass der erste Astronaut auf dem Mond nach ein paar unsicheren Schritten hinter sich eine Stimme hörte: „Sir, may I offer you a cup of tea?" – Darf ich Ihnen eine Tasse Tee anbieten, mein Herr? Er drehte sich um und sah in das freundliche Gesicht eines Mannes aus Kerala. Unter den indischen Bundesstaaten nimmt der Bundesstaat Kerala im Südosten Indiens einen Spitzenplatz ein, zum Beispiel in der Bildung. Die Bewohner Keralas gelten als sehr mobil. Wo immer man auf der Welt hinkommt, wird schon jemand aus Kerala da sein, heißt es, warum also nicht auch auf dem Mond? Was unter Indern auf Kerala projiziert wird, übernehmen sie nach außen auch gerne als Bild für die wachsende Bedeutung ihres Landes. Die kleine Anekdote zeigt etwas vom Selbstverständnis der indischen Nation. Als Atom- und Weltraummacht, als ein Land mit einem jährlichen Wirtschaftswachstum von etwa 7 Prozent, einer IT-Branche von Weltrang und einer entsprechend großen Zahl an Experten teilen viele Inder dieses Bewusstsein, nicht nur ein großes Land zu sein, sondern vor allem eine der führenden Nationen auf der Welt zu werden. Bei seinen Reisen ins Ausland sucht der seit 2014 amtierende Regierungschef Narendra Modi verstärkt den Kontakt zu den Indern, die in anderen Ländern leben. Weltweit zählt die indische Diaspora etwa 25 Millionen Menschen. An sie wendet sich Modi und fordert sie auf, sich für „Mutter Indien" einzusetzen und zur weiteren wirtschaftlichen Entwicklung beizutragen. „Mutter Indien" ist auch im handgreiflichen Sinn das Schlagwort der Hindunationalisten der politischen Partei BJP, zu der Modi gehört. Als Premierminister des Bundesstaates Gujarat war er politisch für die Massaker an der muslimischen Bevölkerung verantwortlich. Da, auf eine Kurzformel gebracht, für diese Nationalisten ein guter Inder nur ein Hindu sein kann, reicht ihnen das als Begründung für ihre Pogrome gegen religiöse Minderheiten, besonders der Muslime und Christen. Hier kommt es häufig zu Brandanschlägen auf Kirchen und Moscheen. Die Benachteiligung der religiösen Minderheiten in ihrer öffentlichen Wirksamkeit ist regional verschieden. Dies kann hier nur angedeutet werden, da das Thema zu komplex ist, um es mit ein paar Sätzen zu beschreiben.

Indien zählt zu den Schwellenländern und hat mit Brasilien, Russland, China und Südafrika als sogenannte BRICS Staaten auch mit der Gründung einer Entwicklungsbank ein Gegengewicht zu anderen globalen Konferenzen und Institutionen geschaffen wie dem IWF oder den G 7. Nach diesem Selbstverständnis unterstützt Indien auch andere Länder im Aufbau ihrer Infrastruktur wie zum Beispiel mit dem Ausbau des Stromnetzes in Afghanistan. Indien ist Empfänger und in manchen Bereichen auch Geber von Entwicklungshilfe. Als Schwellenland ist Indien beides: ein Land wachsender Wirtschaftskraft mit beachtlichen Eigenleistungen im Kampf gegen die Armut und zugleich ein Empfänger internationaler Hilfe. Hier sind es vor allem viele Organisationen der Zivilgesellschaft, die durch die internationale Zusammenarbeit ihre Projekte gegen Armut, Gewalt, Diskriminierung etc. voranbringen können. Alle externe Hilfe muss so organisiert sein, dass sie auch bei akuten Notlagen die staatliche Verantwortung, die durch Gesetze geregelt ist, nicht außer Acht lässt, sondern einfordert. Was Recht und Gesetz ist, darf nicht dauerhaft durch karitative Aktionen ersetzt werden. Armut ist ein Rechtsbruch, wenn Menschen das vorenthalten wird, was sie zum Leben brauchen. Hilfe, die in vielen Notsituationen Leben retten kann, muss zugleich fordern, dass das Recht auf Leben und Überleben ein Menschenrecht ist, auf das sich alle Staaten verpflichtet haben. Damit Entwicklungszusammenarbeit langfristig gelingt, dürfen die Empfänger nicht abhängig werden von der externen Unterstützung. Diese soll sie befähigen, gesellschaftliche Veränderungsprozesse anzustoßen und durchzusetzen. Daher bleibt es unter diesen Kriterien sinnvoll, das zivilgesellschaftliche Engagement der indischen Partner auch von Deutschland aus zu fördern.

Mit etwa 18 Prozent der Weltbevölkerung, davon mehr als ein Drittel in Armut, ist Indien ein Kosmos in sich. Was in Indien geschieht bzw. unterlassen wird, hat Auswirkungen auf die übrige Welt. Das gilt für die weltpolitische Rolle Indiens ebenso wie für die extreme Armut im Land. Trotz aller politischen und wirtschaftlichen Erfolge, mehr Menschen ein Auskommen zu sichern, liegt in der Armut politischer und sozialer Sprengstoff. Bedingt durch das Kastenwesen vermischen sich die Lebenswelten nur wenig. Das Nebeneinander von Arm und Reich, der festgelegten Rollen von Mann und Frau, der Religionen und Kasten schafft voneinander abgegrenzte Parallelwelten mit einem zum Teil erheblichen Konfliktpotenzial. Für Hunderte von Millionen Menschen ist Leben der tägliche Kampf ums Überleben. Vor dieser Situation können und dürfen wir die Augen nicht verschließen. Sie wirksam zu bekämpfen, braucht nationale Programme wie auch internationale Zusammenarbeit. Die indische Regierung arbeitet daran. Dazu gehören das 100-Tage-Programm bezahlter Arbeit für arme Familien auf dem Land oder die Subvention von Grundnahrungsmitteln. Die Zahl der Schulanfänger bei Mädchen liegt heute bei über 90Prozent. Doch zu viele brechen die Schule nach der fünften Klasse ab. Medizinische Versorgung ist in den staatlichen Ambulanzen und Krankenhäusern kostenfrei und eine Unfallversicherung für Arme wird von der Regierung geplant. Die Einrichtung von Bankkonten und Zugang zu Krediten soll das System der Schuldknechtschaft überwinden. Doch was politisch gewollt ist, muss auch umgesetzt werden. Und da fangen die Problem an. Zu sehr lähmt eine schleppende Bürokratie, dass die Armen erhalten, was ihnen zusteht. Korruption zersetzt den Grundsatz der Gleichheit und lässt die leer ausgehen, die nichts haben, mit dem sie andere schmieren könnten. Das zu durchbrechen braucht Mut und Menschen mit Selbstbewusstsein. Beides wollen viele Organisationen mit ihrem zivilgesellschaftlichen Engagement erreichen. Frauen sind da oft mutige Protagonistinnen.

So erlebte ich eine Frauengruppe in einem Slum am Rande von Kalkutta. Über Wochen hinweg hatten sie Reisrationen von schlechter Qualität und oft mit Steinen und Schmutz vermischt erhalten. Durch ihre Beharrlichkeit und ihr gemeinschaftliches Auftreten vor den kommunalen Stellen hatten sie trotz aller Einschüchterungsversuche den Betrug und die Korruption derer aufgedeckt, die den für die Familien bestimmten Reis für den eigenen Profit verkauften und den Müttern den schäbigen Rest anboten. Das aufzudecken war für die Frauen ein großer Erfolg.

Den hatte auch eine andere Gruppe, die den Bau einer Mädchentoilette an einer Schule durchsetzte. Weil es keine Toiletten für Mädchen gab, war deren Schulbesuch massiv gesunken. Es sind diese Aktionen an der Basis, die Menschen befähigen, ihr Schicksal in die Hand zu nehmen, sich zu wehren und für sich und ihre Kinder zu sorgen. Das ist die Kraft der Zivilgesellschaft. Was oft spontan beginnt, kann zu einer Organisation werden, die die Interessen bündelt und voranbringt. Solche Organisationen bringen ihre soziale und politische Kompetenz ein und können zu Partnern werden für eine internationale Zusammenarbeit. Agni Raksha ist dafür ein gutes Beispiel. Das persönliche Schicksal und die soziale Dramatik der Verbrennungsopfer motivieren zum gemeinsamen Handeln. Was mit dem Verbinden der Wunden begann, wurde ein ganzheitliches Konzept zivilgesellschaftlichen Engagements. Mit der internationalen Partnerschaft und Unterstützung wurde das versteckte Leid der Frauen und Kinder öffentlich. Die sozialen Hintergründe, zum Beispiel die der Mitgiftmorde, wurden zu einem politischen Thema.

Gewalt gegen Frauen und Kinder ist kein spezifisch indisches Problem sondern ist weltweit verbreitet und noch lange nicht überwunden. So wie kein akutes Verbrennungsopfer darauf warten oder gar vertröstet werden kann, bis die Ursachen des Problems beseitigt sind, so hilft es andererseits den angegriffenen Frauen zu wissen, dass sie kein Einzelschicksal sind. In einer globalisierten Welt sind dazu der internationale Austausch und die wechselseitige Unterstützung erforderlich. Auf Indien bezogen heißt das, so lange zusammenzuarbeiten, wie es die indischen Partner für nötig und wichtig halten, um ihre Ziele zu erreichen. Projekte wie Agni Raksha wirken wie Hefe, die den ganzen Teig durchwirkt. In diesem Sinn ist Solidarität, die dem Einzelnen zugute kommt, mehr als eine Einzelfallhilfe, denn sie wirkt über ihn hinaus in die Gesellschaft hinein. Die Armen in Indien brauchen unsere Solidarität, die sie stark macht, für ihre eigenen Belange einzutreten. Die Partner der Kindernothilfe sind Teil der indischen Zivilgesellschaft und kämpfen in unterschiedlichen Bereichen gegen die Armut. Sie ermutigen Menschen, stärken sie in der Hilfe zur Selbsthilfe und fördern das Selbstvertrauen derer, die sich bisher rechtlos und ausgegrenzt fühlten. Das schafft Transparenz und fördert die demokratische Teilhabe an Entscheidungsprozessen.

Durch die internationale Partnerschaft ist Agni Raksha heute im Süd-Süd-Austausch selbst aktiv. Durch Kontakte nach Äthiopien, Malawi, Tansania und Kenia werden Studenten ausgebildet und kleine Zentren in diesen Ländern geschaffen, in denen auch Frauen und Kinder mit Brandanschlägen und Säureattentaten Gewalt angetan wird. Entwicklungszusammenarbeit bedeutet, miteinander zu lernen. Sie ist keine Einbahnstraße. Projekte wie dieses öffnen uns die Augen für die Probleme im eigenen Land. Nicht wir lösen die Probleme der anderen, sondern wir entdecken, dass wir im Kampf gegen sexualisierte Gewalt verbunden sind. Auch lernen die Partner in diesem Dialog, sich nicht mit Erwartungen zu überfrachten. Ein Arbeitsfeld wie das von Agni Raksha zeigt, dass viele Komponenten zusammengeführt werden müssen, damit solch ein Projekt eine Breitenwirksamkeit erzielen kann. Entwicklungszusammenarbeit allein löst die Armutsprobleme der Welt nicht. Aber da, wo sie nahe an den Armen ist, auf sie hört und mit ihnen plant und arbeitet, wächst eine Kraft, von der ein Bibelwort sagt, dass sie „in den Schwachen mächtig ist." Diese Kraft verwandelt auch die, die als „Geber" in diese Partnerschaft kommen, aber das nicht bleiben, weil sie auch in ihrer Gesellschaft daran arbeiten, dass Armut überwunden und Gewalt gegen Frauen und Kinder bekämpft werden kann. So entsteht ein Miteinander auf Augenhöhe, wächst eine interkulturelle und internationale Partnerschaft, deren gemeinsames Ziel es ist, Leben in Menschenwürde und durch die Menschenrechte gesichert zu ermöglichen.

## SAMBIA UND DER SEGEN DER BILDUNG

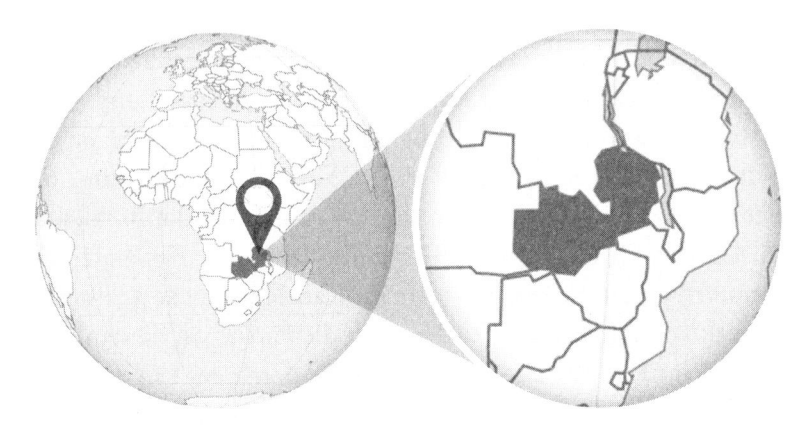

Das zentralafrikanische Sambia hat eine Fläche von 750.000 Quadratkilometer, ist also größer als die größten europäischen Staaten. Mit einer Bevölkerung von 14,5 Millionen hat es etwas mehr Einwohner als Bayern. Die Kindernothilfe unterstützt hier über 158.000 Kinder und Jugendliche in 10 Projekten.

### DIE SCHULE UNTER DEM BAUM

Alle schauen auf Shamah. Denn heute ist sie an der Reihe, der Stimme aus dem Radio wieder neuen Schwung zu geben. Ganz ihrer wichtigen Aufgabe bewusst geht sie zu dem blauen Kasten, der auf einer Kiste steht. Um ihn herum sitzen etwa 20 Jungen und Mädchen und lauschen den Worten und Anweisungen aus dem Radio. Doch diese waren in der letzten Minute immer schleppender geworden. Höchste Zeit also, um die Batterie aufzuladen. Shamah greift zur Kurbel und schon nach wenigen

Umdrehungen hat die Stimme wieder ihren gewohnten Klang. Die Kurbel setzt einen kleinen Dynamo in Gang und der Akku tankt neue Energie. In den 40 Minuten des Programms wiederholt sich das zwei-, dreimal. Elektrischen Strom gibt es hier draußen im Gebiet von *Chikuni* nicht. Das ist aber kein Grund, die Stunde zu unterbrechen. Zu wertvoll ist die Zeit für Shamah und die anderen. Denn alle wollen lesen und schreiben lernen. Und das in Englisch, der Amtssprache Sambias. Das Radio verbindet die Kinder mit der Welt, nicht mit der großen weiten, aber doch mit der Sendestation der Chikuni Mission im Süden Sambias, etwa 220 Kilometer von der Hauptstadt Lusaka entfernt, zwischen Mozabuka und Choma. Das Radio ist der Mittelpunkt ihrer Schule. Und die Stimme aus dem Äther ist die Lehrerin, die die Schulen in einem Radius von etwa 50 Kilometern erreicht und aus dem Studio in Chikuni den Unterricht gestaltet. Die Kinder sind stolz auf die Radioschule, zu der sie von Montag bis Freitag am frühen Nachmittag zusammenkommen. Nach der Radioübertragung arbeiten die Kinder weiter und vertiefen, was sie gehört haben. Sie treffen sich unter einem großen Baum, der Schatten spendet. An seinem Stamm lehnt eine schwarze Tafel. Die meisten Kinder sitzen auf einem Stein oder hocken auf der Erde. Ihre Hefte halten sie in den Händen. Manche haben ein kleines Brett als Schreibunterlage, andere behelfen sich mit ihren Knien.

Die Jungen und Mädchen sind nicht allein. Auch wenn die wirkliche Lehrerin nur durch ihre Stimme zu ihnen kommt, so begleiten sie an allen Tagen zwei Mentoren. Hier in *Munyona East* an der Biegung eines großen Flusses sind es Alice und Samuel. Beide sind keine Lehrer. Aber sie hatten früher einmal die Chance, zur Schule zu gehen, haben lesen und schreiben gelernt und sprechen englisch. Die Stimme aus dem Radio wendet sich auch an sie. „Teacher tell the children", heißt es dann aus dem Off. Dann kommt die Aufgabe: „Nennt Wörter, die mit einem G beginnen!" Samuel kommt kaum nach, die Worte an die Tafel zu schreiben. So sprudelt es aus den Kindern heraus: Girl, garden, good, go, give und viele andere mehr. Nachher werden die Kinder die Worte in ihre Hefte übertragen. So kommen aus dem Hören das Sprechen und dann das Schreiben. Shamah fügt noch grandmother hinzu. Das ist ihr ganz wichtig. Denn ohne ihre Großmutter wäre sie nicht hier.

Ihre Mutter starb, als Shamah zwei Jahre alt war. An ihren Vater hat sie keine Erinnerung. Die Großmutter sagt, dass auch er tot sei, weil er das Unglück in die Familie gebracht habe. Mehr wird darüber nicht gesprochen. Doch die Andeutungen reichen, um zu erahnen, dass es die Krankheit Aids war, die der Vater in die Familie einschleppte und die Shamah als Waise zurückließ. Das liegt fast zehn Jahre zurück. Über der Infektion mit HIV als Auslöser einer Aids-Erkrankung lag damals ein großes Tabu. Weil eine große Unkenntnis herrschte und totgeschwiegen wurde, was geschah, brachte die Infektion vielen Menschen den Tod. Die Felder zu Hause konnten die Familien kaum ernähren. So trieb die Not die Männer von zu Hause fort auf der Suche nach Arbeit, die sie nur selten fanden. An den Überlandstraßen und in den Städten aber lebten viele Frauen vom Verkauf ihres Körpers. Explosionsartig verbreitete sich HIV von dort aus und kam mit den Männern in die Dörfer. Wie Shamah blieben Tausende Kinder als Aidswaisen zurück. Doch Shamahs Glück war die Großmutter. Sie war noch rüstig genug, um ihre Enkelin aufzunehmen. Und sie war es auch, die Shamah in der Radioschule anmeldete, als sie sieben Jahre alt war. Von Anfang an ist sie mit großem Eifer dabei und gehört jetzt mit zu den Besten in ihrer Klasse.

Nach 40 Minuten muss Shamah das Radio zu einem anderen Baum tragen. Dort wartet schon eine andere Klasse. Bald wird das Provisorium unter den Bäumen ein Ende haben. Die Dorfältesten und die meisten Eltern haben entschieden, eine Schule zu bauen. Bauholz lagert schon auf einem Platz, Sand findet sich im nahen Fluss und Lehm in einer Grube. Aus einem Gemisch von Lehm, Sand und Wasser werden die Ziegel geformt, die dann zunächst an der Sonne getrocknet und anschließend in hoch aufgeschichteten Meilern gebrannt werden. Aus diesen Ziegeln wird dann das Schulgebäude gemauert. Das ortsnahe Material reduziert die Kosten und stärkt die Eigeninitiative der Menschen. Zur witterungsbeständigen Haltbarkeit aber werden die Wände außen mit Zement verputzt. Wegen dieser Kosten hat die Dorfgemeinschaft bei der Leitung des Projekts einen Zuschuss beantragt. Die neue Schule mit den beiden Klassenräumen soll auch eine Toilette bekommen. Von Anfang an war deren Bau für die Mädchen ganz wichtig. Doch noch ist es nicht so weit. So lernen die Jüngeren mit ihren Mentoren unter dem Baum weiter. Nach vier Stunden ist der Kopf voll und der Magen leer. Aber mit knurrendem Magen sollen die Kinder nicht nach Hause gehen. Sie sind lernhungrig in des Wortes ganzer Bedeutung.

Jeden Tag bekommen die Kinder eine warme Mahlzeit. Das gehört zum Konzept der Schulen. Es stärkt die Gesundheit und Konzentration und fördert den Willen, zu lernen und zur Schule zu kommen. Heute haben Shamahs Großmutter und zwei andere Frauen gekocht. *Nshima*, der traditionelle Brei aus Mais und Wasser ist immer dabei. Mais bauen fast alle an. Damit die Schulspeisung das Jahr hindurch gesichert ist, hat das Team der Radioschulen in Chikuni mit den Dorfgemeinschaften klare Absprachen getroffen, wie sich alle beteiligen können. Das Angebot der warmen Mahlzeit soll das ganze Schuljahr hindurch aufrechterhalten werden. Die Bewohner der Dörfer spenden von ihrer Ernte Mais an die Schulen. So kamen 2014 allein 1.185 Säcke Mais zusammen. Jeder, der spendet, bekommt im Gegenzug fünf Kilogramm Saatgut als Zuschuss für die nächste Aussaat. Dies wird aus den Projektmitteln finanziert wie auch zusätzlich Öl, Bohnen oder Salz. In kleinen Schritten wird so die Maisernte gesteigert, was den Dorfbewohnern zu Einnahmen verhilft und gleichzeitig das Essen in den Schulen sichert. Seit zwei Jahren ist der Speiseplan reichhaltiger geworden, denn zur Schule gehört ein Schulgarten. Dort bauen die Kinder Gemüse und Früchte an, sodass Zwiebeln und Kohl, Tomaten und

Möhren und vieles mehr den Speiseplan gesünder und ausgewogener machen. Der Schulgarten kam etwas später dazu, ist aber heute so etwas wie die grüne Lunge des Projekts. Es dauerte ein paar Jahre, bis er wirklich ein Nutzgarten wurde. Jetzt trägt er zur besseren Ernährung der Kinder bei. Ja, mehr noch, mit seinen Gemüsebeeten, den fruchttragenden Bäumen, dem Kompost und der Wasserstelle in der Nähe ist er ein Mustergarten für das ganze Dorf. Auch für den Garten gibt es Mentoren, Männer und Frauen, die viel dazugelernt haben, über den Boden und die Pflanzen Bescheid wissen und Freude daran haben, das alles an die Kinder und über sie an die Familien weiterzugeben. Denn es ist ihr Garten, in dem sie selbst aufwachsen sollen.

Wie in Munyona East gibt es heute in der weiten Region um Chikuni im Südwesten Sambias 18 solcher Schulen. Die meisten haben schon einen Schulgarten, für die anderen ist er geplant. Die Kinder sollen ganzheitlich lernen, später sich und ihre Familien ernähren können. Die Muttersprache der Menschen in dieser Gegend ist *ChiTonga*. In ihrer Sprache hat das Wort „*taonga*" einen guten Klang. Deshalb nennen die Verantwortlichen der Chikuni Mission ihre Radioschulen und Schulgärten „Taonga Centres". Taonga heißt übersetzt „danke". Und das bringt auf den Punkt, was die Menschen und besonders die Kinder fühlen. Sie freuen sich, dass sie lernen können. Sie sind dankbar allen gegenüber, die dabei mithelfen. Wer taonga sagt, lässt die anderen spüren, dass sie ihm wert und wichtig sind. Es geht darum, den Kindern mit Wertschätzung zu begegnen und sie entdecken zu lassen, welche Talente in ihnen verborgen liegen. Kinder sollen in den Gärten lernen, dass der Dank für die Früchte des Feldes hilft, ihn nicht einfach auszuplündern, sondern zu hegen und zu pflegen. Wie ihnen das guttut, spüren sie bei den täglichen Schulmahlzeiten. Viele Kinder kennen sich im Garten gut aus und haben sich ein breites ökologisches Wissen für ihren Lebensraum aufgebaut. Sie haben begonnen, Baumschulen anzulegen, um durch Wiederaufforstung zum Umweltschutz beizutragen. Langfristig sollen die Schulgärten und dann auch die Gärten in den Familien deutlich dazu beitragen, die Lebensverhältnisse zu verbessern. Frisches Gemüse und Früchte sollen auf den Märkten verkauft oder zu Trockengemüse verarbeitet werden. Hier bietet sich eine Marktlücke an. Nach verschiedenen Experimenten und dem Austausch mit anderen Organisationen hat die Mission in Chikuni einen Solartrockner aufbauen können. Dorthin liefern die Familien ihr Gemüse. Nach dem Trocknen wird es für den Verkauf in Beutel verpackt und mittlerweile bis Lusaka und darüber hinaus verkauft.

In der ganzen Region wächst der Moringabaum, der ursprünglich aus Indien stammt und im Zuge des Kolonialismus nach Sambia kam. Seine Blätter, Wurzeln und Früchte sind vielfältig einsetzbar, stärken das Immunsystem und liefern dem Körper wertvolle Mineralien. Schon eine kleine Menge seiner Früchte ins Wasser gelegt, entfalten eine große Reinigungskraft. Viele Menschen bekommen so erheblich besseres Trinkwasser, vor allem auch in der Trockenzeit. In Chikuni verwerten die Menschen die Blätter, die nach dem Trocknen zu Pulver gemahlen und in kleine Dosen abgefüllt und vermarktet werden. Wie beim Trockengemüse entsteht hier eine lokale Wertschöpfungskette. Als Allroundheilmittel sind sie auf den Märkten der Städte sehr begehrt. Die wachsende Nachfrage nach Moringa könnte auch für den Export neue Einnahmequellen erschließen. Hier wird es in Zukunft erforderlich sein, die schon erlernten Marketingkenntnisse weiter auszubauen. Ein besseres Einkommen stärkt die Schulen, wie auch die Schulen ihrerseits in die ganze Region ausstrahlen. So bedingt das eine das andere und bringt die Entwicklung in den Dörfern voran.

## CHIKUNI – EINE REGION VERÄNDERT SICH

Das weite, etwa 10.000 Quadratkilometer umfassende Gebiet von Chikuni ist karges Land und muss doch die Menschen ernähren. Brandrodung war die bisher übliche Methode, neue

Anbauflächen zu erschließen. Das aber hat die Böden immer mehr ausgelaugt und die Ernten geschmälert. Dazu kommen die Klimaveränderungen, die auch in Sambia deutlich zu spüren sind. Wachsende Armut und Not bedrängen die Menschen in dieser Region. Mit viel Engagement arbeiten sie mit dem Team der Chikuni Mission zusammen. Es geht um ihr Überleben und die Zukunft ihrer Kinder und Enkel. Sie sollen dort ihr Auskommen finden. Deshalb geht es in Chikuni nicht um ein einzelnes Projekt, sei es eine Schule, ein Brunnen oder ähnliches, sondern um die ganzheitliche Entwicklung der Region. Etwa 25.000 Einwohner, davon gut 13.000 unter 18 Jahren, verteilen sich auf die Dörfer und kleinen Weiler, die nur durch Pisten und Pfade miteinander verbunden sind. Manche sind kaum mit einem Geländewagen zu befahren, sodass abseits der Hauptpisten und besonders in der Regenzeit viele Dörfer nur zu Fuß erreichbar sind. Die Menschen leben in ihrer kleinen Landwirtschaft von der Hand in den Mund. Mit den Schulen und Gärten, der besseren Ernährung und dem Austausch untereinander haben sie begonnen, ihr Schicksal selbst in die Hand zu nehmen. Das ist ein großer Schritt, der im Jahr 2000 seinen Anfang nahm.

Der Weg dahin war nicht einfach. Wie so oft, wenn sich neue Wege öffnen, fing alles mit schlechten Erfahrungen und mutigen Leuten an. Chikuni ist eine Missionsstation der Jesuiten, wo schon 1909 ein französischer Pater die Arbeit begann. Im weiten Gelände der alten Missionsstation liegen heute zwei weiterführende Schulen, ein Krankenhaus, ein Lehrerseminar, Werkstätten und Handwerksbetriebe, die junge Menschen ausbilden. In den Dörfern der Region gibt es 20 staatliche Schulen. In der Vergangenheit hat der Staat zu wenig in die Bildung investiert. Da ist oft nicht nur das Gebäude marode, sondern die Qualität des Unterrichts ist es ebenso, da es den Lehrern an einer guten Ausbildung fehlt. In den Klassen drängen sich oft 60 bis 70 Kinder. Lehrer fehlen entweder ganz oder sind oft abwesend, weil sie zu einer Beerdigung müssen, mit irgendwelchen

Anliegen zur nächsten Stadt unterwegs sind oder einfach nicht kommen. Das alles trotz Schulpflicht. Schulgeld, wie noch vor ein paar Jahren, müssen die Eltern nicht mehr bezahlen, aber doch die Schuluniform, die Bücher und anderes Schulmaterial. In der gesamten Region von Chikuni besuchen etwa 4.200 Kinder die öffentlichen Schulen. Aus den abgelegenen Dörfern ist der Schulweg zu weit und für Mädchen zu gefährlich. So leben dort Tausende Kinder, die nicht zur Schule gehen. Diese hohe Zahl ließ das Team in Chikuni nicht ruhen. Als Antwort entwickelten sie das Konzept der Radioschulen. Durch das Radio kommt die Schule zu den Kindern in die Dörfer. Wo niemand bisher lesen oder schreiben konnte, gibt es jetzt auf einmal eine Tafel, Hefte, Stifte und Kinder, die Hausaufgaben machen.

Das Lernprogramm stimmt das Team in Chikuni zusätzlich auch mit dem Bildungsministerium in Lusaka ab, das die Genehmigung erteilt. Die Taongaschulen erfüllen, was den Lernstoff anbelangt, die staatlichen Vorgaben. Daher können die Kinder nach der 7. Klasse einen formalen Schulabschluss erreichen. 2014 nahmen 1.811 Kinder am Programm teil, davon allein 487 als Schulanfänger. Von 258 Kindern der 7. Klasse haben 251 die Abschlussprüfungen geschafft. Dies ist ein großer Erfolg, zuerst einmal für die Kinder, und insgesamt für das System der Radioschulen. Doch noch gehen etwa 6.000 Kinder in der Region nicht zur Schule. Da bleibt viel zu tun. Das Team in Chikuni hofft, dass sie mehr Unterstützung durch den Staat finden, zum Beispiel durch ausgebildete Lehrer. Denn einige Radioschulen haben sich so entwickelt, dass man sie in reguläre Schulen umwandeln könnte. So wie die Mission im Schulbereich Eigeninitiative zeigt und Kindern in der Region eine bessere Bildung ermöglicht, genauso engagiert steht sie auch mit dem Bildungsministerium in einem konstruktiven Dialog darüber, dass der Staat seinen Verpflichtungen nachkommen muss. In sechs Dörfern stehen schon feste Schulgebäude, zum Teil mit Toiletten und einem einfachen Sportplatz. Lehrer schickt das Ministerium nur dann, wenn es auch Wohnraum für die Lehrer gibt. Den zu bauen, ist eine neue Herausforderung für das Team von Chikuni und die Dorfgemeinschaften. Auch haben sie die Hoffnung, dass das Konzept der Radioschulen in anderen Regionen Sambias „Schule macht" und vom Staat als Methode der Primarschulbildung anerkannt wird.

In Chikuni zitieren sie oft das sambische Sprichwort. „Bildung ist zwecklos, wenn sie nicht die Not der Menschen aufgreift." Und das meint, sie zu ändern. Die Menschen wollen spüren, was ihnen die Bildung bringt. Manche machen sich Illusionen oder bringen nicht die nötige Geduld auf. Alle müssen lernen, dass Bildung kein Wohltätigkeitsprogramm, sondern harte Arbeit ist. Auch durch Bildung findet nur seinen Weg, wer sein Leben selbst in die Hand nimmt. Deswegen sind die Lernprogramme angepasst an die Lebensverhältnisse der Kinder. Es geht um ganzheitliches Lernen. Kognitives Lernen steht neben sozialer Kompetenz, Kenntnisse im Gartenbau sichern das Überleben, Ernährung wird zum Schlüssel der Gesundheitserziehung. Die Stärkung des Selbstbewusstseins verbindet sich mit der Solidarität der Gemeinschaft, die ihre Kraft entdeckt, in der Gesellschaft etwas zu bewegen. Das englische Wort „empowerment" bündelt diese Aspekte und zeigt an, dass die kleinen, aber konsequenten Schritte an den Graswurzeln das Leben langfristig verändern. Hier entsteht, was im Fachjargon zivilgesellschaftliches Engagement genannt wird. Wer in den Dörfern der Region unterwegs ist, dem fällt das sofort ins Auge.

Von Jahr zu Jahr ist die Zahl der Kinder gestiegen, die 2014 in 18 Schulen zusammenkamen. Es hängt viel an dem Projektteam. Ihm muss es gelingen, die Menschen zu überzeugen, wie wichtig Bildung für ihre Kinder ist. Und sie sind erfolgreich. Überall bestehen der Wille und die Einsatzfreude, in Gemeinschaftsarbeit einfache Schulgebäude zu errichten. Der Erfolg steht und fällt aber mit den Mentoren. In sie und ihre Kompetenzen investiert das Projekt besonders intensiv. Sie werden sorgfältig ausgesucht und auf ihre Aufgabe durch mehrwöchige Seminare vorbereitet. 2014 standen 54 Mentoren, davon 19

Frauen und 35 Männer, den Kindern zur Seite. Regelmäßige Besuche des Teams in den Schulen begleiten die Mentoren in ihrer Arbeit. In den ersten Jahren waren sie ehrenamtlich tätig, nun aber erhalten sie mit den wachsenden Aufgaben ein kleines Gehalt und profitieren für sich von den Fortbildungen, an denen sie teilnehmen. Das kommt ihnen zugute auf dem Weg zu einem eigenständigen Leben. Was die Mentoren hier lernen, qualifiziert sie auch für andere berufliche Aufgaben, die sie gerne ergreifen, wenn sich Möglichkeiten bieten. So kommt es hier immer wieder zu Fluktuationen, die aufgefangen werden müssen, um die Kontinuität des Unterrichts zu sichern.

Für die Familien mit ihren oft kärglichen Einkommen sind die Radioschulen eine wirkliche Entlastung. Dennoch muss das Team von Chikuni immer wieder Eltern überzeugen, ihre Kinder zur Schule zu schicken. Die Familien sind darauf angewiesen, dass die Kinder mit anpacken, um das Überleben zu sichern. Sie holen Wasser, sammeln Feuerholz, kümmern sich um die Geschwister, hüten die Ziegen und helfen auf dem Feld. Eltern, die selbst Analphabeten sind und bei denen es jeden Tag ums Überleben geht, haben Wünsche und Träume für ihre Kinder, doch oft nicht die Kraft, deren Wunsch zu lernen auch Wirklichkeit werden zu lassen. Viele wollen, dass ihre Kinder zur Schule gehen und fühlen sich in ihrer Armut stigmatisiert, wenn sie das nicht ermöglichen können. Nach anfänglicher Skepsis spüren immer mehr Familien den Nutzen der Radioschulen ganz unmittelbar. Hier brauchen sie keine Schuluniformen. Hefte und Stifte werden gestellt. Der Anreiz der warmen Mahlzeit kommt hinzu. Und wenn dann noch die Qualität des Unterrichts stimmt und sich Erfolge zeigen, machen diese Schulen im Gesamtsystem der Bildung einen Unterschied und zeigen, was kreative Angebote leisten können, um Wege aus der Armut zu finden. Was den Unterschied ausmacht, erzählt die Geschichte von Shamah, die den Schulabschluss nach der 7. Klasse schaffen wird und, wie sie und ihre Großmutter hoffen, dann eine weiterführende Schule besuchen kann. Für sie wie für die mehr als 1.800 Kinder in der Chikuni-Region sind die Radioschulen mit ihrem ganzheitlichen Programm die Chance ihres Lebens. Sie wirken – und das nicht nur wegen der Gärten – wie ein Vitamin.

## DIE MILLENNIUMSZIELE UND TAUSEND KLEINE SCHRITTE

Die erste Radioschule ging im Jahr 2000 über den Äther, ein Zufall vielleicht und doch ein Signal. Damals zur Jahrtausendwende fasste die Weltgemeinschaft den Beschluss, durch die Millenniums-Entwicklungsziele die Armut auf der Welt zu bekämpfen. Bis 2015 sollte durch acht Ziele die Armut halbiert werden, zum Beispiel durch Überwindung des Hungers, Primarschulbildung für alle, Gleichstellung von Jungen und Mädchen, Reduzierung von HIV, Aids und Malaria. Nach Ablauf der Zeit fällt die Gesamtbilanz eher gemischt aus. Die Fortschritte, die besonders in China und auch in manchen Bereichen Indiens und anderer asiatischer Staaten erreicht wurden beeinflussen das Gesamtergebnis positiv, doch viele Staaten Afrikas südlich der Sahara (AsS) bleiben hinter den gesteckten Zielen zurück. Bei einzelnen Zielen sieht es auch dort besser aus, besonders beim dritten Ziel, „sicherzustellen, dass Kinder in der ganzen Welt, Jungen wie Mädchen, eine Grundschulbildung vollständig abschließen können". Zwar variieren die Statistiken in ihren Angaben zu den Schulabschlüssen und deren Qualität, doch die Quote der Kinder, die eine Schule besuchen, liegt 2015 für die AsS-Staaten bei etwa 80 Prozent. Im Jahr 1990 waren es lediglich 52 Prozent, wovon deutlich weniger als die Hälfte Mädchen waren. Diese Gesamtstatistik gibt keine Auskunft darüber, was die Kinder tatsächlich lernen. Im Blick auf die Qualität vieler Schulen ist Skepsis angebracht und eine kritische Analyse erforderlich. Denn nicht die Quote der Einschulung zählt, sondern ob der Analphabetismus wirklich nachhaltig und dauerhaft überwunden werden kann. Für Chikuni liegen die Ergebnisse vor. Sie werden jährlich erhoben und überprüft. Am Gesamterfolg der Milleniumsziele hat Chikuni quantitativ einen bescheidenen, aber qualitativ nachhaltigen Anteil. Das sieht auch das Bildungsministerium in der Hauptstadt so.

## SAMBIA – ARM, ABER NICHT HOFFNUNGSLOS

Im Bereich der Bildung besteht ein großer Nachholbedarf. Die früheren Regierungen hätten zu wenig in die Bildung investiert, sagte der sambische Bildungsminister John Phiri. Er war selbst einmal Lehrer und weiß, wovon er spricht. Seit langem schon zehrt das Land von dem, was in früheren Jahrzehnten aufgebaut wurde, dann aber nicht mehr mit dem wachsenden Bedarf an Schulen, Lehrern, Unterrichtsmaterial und pädagogischen Methoden Schritt gehalten hat. Mit dem neuesten Entwicklungsplan setzt das Land wieder einen stärkeren Akzent auf die Bildung. Dieser Ehrgeiz zeigt sich auch darin, dass Sambia zu den afrikanischen Pilotländern gehört, die die PISA-Bewertung bei sich einführen wollen. Inwieweit die wirtschaftlichen Voraussetzungen dazu gegeben sein werden, wird sich noch zeigen müssen. Nach wie vor ist Sambias Wirtschaft vom Kupferexport abhängig, das im Land gefördert und verhüttet wird.

„In Sambia steigt der Kupferpreis." Diesen Satz meines Vaters habe ich noch immer im Ohr. Die Information gehörte Mitte der 60er-Jahre zur Erfolgsgeschichte Sambias. Selbst in unserer Heimatzeitung gab es einmal die Woche eine Rohstoffbörse. Die Kurse des Kupfers beobachte mein Vater aus beruflichen Gründen. Auf dem Atlas hatte ich das Land noch unter seinem kolonialen Namen Nordrhodesien gefunden. Namen wie Livingstone, Victoriafälle oder Sambesi weckten meine Neugierde. Später in der mündlichen Abiturprüfung, welch ein „Zufall", war Sambia mein Spezialgebiet. Damals war nicht daran zu denken, dass es 42 Jahre dauern würde, bis ich selbst

2010 in das Land kommen sollte. Kupfer war auch da allgegenwärtig, besonders auf der Überlandstraße vom Kupfergürtel im Norden in Richtung Süden. Mit tonnenschweren Platten beladen transportieren große LKW das Kupfer zu den Hafenstädten im südlichen Afrika. Fördertürme ragen im Norden in den Himmel und verfallene Fabrikgebäude lassen ahnen, wie schnell das Kupfer in wirtschaftlich schwierigen Zeiten seinen Glanz verlieren kann. Neben Kupfer wurde auch Blei abgebaut, besonders im Raum Kabwe. Durch den Abraum gelangt bis heute mit Bleirückständen belastetes Wasser in die Trinkwasserversorgung, sehr zum Schaden der Kinder.

Immer noch hängt am Kupfer das wirtschaftliche Wohlergehen des Landes. Darauf richteten sich die Hoffnungen des jungen Staates, der 1964 unabhängig wurde und sich seither Sambia nennt. Damals versprachen die wirtschaftlichen Daten eine gute Entwicklung. Staatspräsident Kenneth Kaunda führte das Land bis 1991. Mit viel Elan machte er am Anfang die Bildung zu einer wichtigen politischen Aufgabe. Die meisten Sambier waren damals Analphabeten, sodass die Einführung der Schulpflicht ein wichtiges politisches Signal war. Aber es brauchte viel Zeit, Kindern wirklich Zugang zur Schulbildung zu ermöglichen. Durch den Bergbau bedingt, lebt in Sambia, anders als bei den meisten afrikanischen Ländern, fast die Hälfte der Bevölkerung in Städten. Hier war es leichter, Schulen zu bauen und Kindern den Zugang zur Schulbildung zu ermöglichen. In den Dörfern weitab im Land war das viel schwieriger. So gab es schon früh ein Gefälle zwischen Stadt und Land. Als dann ab den 70er-Jahren der Kupferpreis fiel und die Einnahmen fehlten, gerieten auch die Bildungsprogramme ins Stocken. Die damalige Politik der Weltbank führte dazu, dass viele Kupferminen privatisiert wurden und der Staat die Einnahmen an ausländische Investoren verlor. Gleichzeitig wuchs die Bevölkerung von ehemals etwa 4 Millionen auf heute 14,5 Millionen. Sambia hat eine sehr junge Bevölkerung, 45 Prozent sind jünger als 15 Jahre, 700.000 leben als Waisen, deren Eltern an

Aids gestorben sind. Die Kindersterblichkeit bis zum fünften Lebensjahr ist mit 141 zu 1.000 Kindern hoch. Hier wirken sich die Folgen der Mangelernährung aus, die immunschwächebedingt bei Durchfall und Malaria zum Tod führen kann. Auf dem Land haben nur etwa 45 Prozent der Menschen Zugang zu sauberem Trinkwasser, eine weitere „Quelle" von Erkrankungen und Todesfällen.

Der Bergbau und die angegliederten Industrien halten immer noch viele Arbeitsplätze vor. Daneben ist der Staat der größte Arbeitgeber, was den einzelnen Angestellten und Beamten ihr Einkommen sichert, in der Gesamtheit aber auch zu einer politisch gewollten Aufblähung des Staatsapparats führt. Auch Dienstleistungsgewerbe, Handwerk oder Tourismus bieten Arbeitsplätze. Nur etwa 14 Prozent der Bevölkerung haben einen sicheren Arbeitsplatz. Andere haben befristete Verträge, sind selbstständig mit kleinen Geschäften und im Handwerk oder schlagen sich mit Gelegenheitsarbeiten durch. Viele leben in ländlichen Regionen von der Subsistenzwirtschaft. Das bedeutet für sie, dass sie sich von dem ernähren, was sie anbauen, und von den Tieren, die sie halten. Bleibt etwas übrig, können sie dies auf lokalen Märkten verkaufen.

Großfarmen bauen Mais und anderes Getreide an und erwirtschaften Einnahmen, die auch dem Staat zugute kommen. Heute ist China der wichtigste Handelspartner und chinesische Investitionen prägen die Wirtschaft des Landes stark. Die Präsenz von Chinesen ist in den Städten oder auf Baustellen deutlich zu sehen. Auch die Aufdeckung von Korruptionsfällen oder Streiks sambischer Arbeiter gegen ihre chinesischen Arbeitgeber haben daran nichts geändert. Insgesamt geht es wirtschaftlich mit einem Anwachsen des Bruttosozialprodukts um 5 Prozent im Jahr 2013 etwas aufwärts. Sambia liegt nach dem Human Developement Index (HDI) auf Platz 141 von 187 Staaten weltweit. Mit einem Wachstum von 6,5 Prozent 2014 hat sich das Pro-Kopf-Einkommen auf 1.705 Dollar im Jahr 2014 gesteigert. Daher stuft die Weltbank Sambia als „low middle income country" ein, als Land mit geringem Einkommen. In diesem Ranking liegt Sambia allerdings am unteren Ende dieser Gruppe bei einer Inflationsrate von 8 Prozent und einer kontinuierlich steigenden Auslandsverschuldung von 22 Prozent im Jahr 2013 zu 30 Prozent 2014. Das bedeutet, dass der Anteil der Menschen in Armut immer noch bei etwa 60 Prozent liegt. Diese leben überwiegend in den ländlichen Regionen wie Chikuni. Man könnte verstehen, wenn Shamah und die Bewohner ihres Dorfes resignieren. Aber genau das tun sie nicht. Die Projekte von Chikuni machen den Unterschied und zeigen neue Wege.

## AUF KINDER HÖREN – VON KINDERN LERNEN

Im Schulgarten jätet Shamah vorsichtig das Möhrenbeet und zupft Unkraut. Vor Wochen hat sie den Samen in die kleinen Furchen gelegt und den Boden feucht gehalten. Ungeduldig und dann doch voller Freude erlebte sie, wie die kleinen Pflanzen sich zur Sonne streckten. Später hat sie die Pflanzen vereinzelt, immer wieder das Beet vom schnell wachsenden Unkraut befreit und Kompost um die Pflanzen gelegt. Bald wird sie die Möhren ernten können. Mit Samuel, dem Mentor, hat sie abgesprochen, dass an dem Tag die Großmutter dabei sein soll. Ihr möchte sie zeigen, was sie im Schulgarten gelernt hat, und erzählen, welche Vitamine in den Möhren sind und warum es gut ist, sie zu essen. Denn im Unterricht der Radioschule hat sie viel über ihren Körper erfahren und was er braucht, um gesund zu bleiben. Im Garten erlebt sie, wie die Früchte wachsen, die ihre Entwicklung fördern.

„Our children are the masters," hatte Samuel gesagt, „unsere Kinder sind die Lehrmeister" und damit das Geheimnis des Erfolgs auf den Punkt gebracht. Meistens betreuen mehrere Kinder ein Beet. Geduldig erklären ihnen die Mentoren den langen Weg von der Aussaat bis zur Ernte. Ein eigenes Radioprogramm für den Gartenbau sendet die Mission mehrmals in der Woche. 2014 wurden 39 Sendungen zu verschiedenen Themen ausgestrahlt, die die Mentoren und Kinder in ihrem Wissen und praktischen Tun voranbrachten. Gemeinsam haben sie die Gärten angelegt. Bei den schweren Arbeiten haben Väter und Mütter geholfen. Schon früh haben sie begonnen, einen Komposthaufen anzulegen, um den Boden zu verbessern. Auch Hochbeete finden sich auf dem Areal. Das Saatgut stellt die Chikuni Mission zu Verfügung. Wo der Weg zur nächsten Wasserstelle sehr weit ist, hat die Projektleitung einen Brunnen bohren lassen, der dann nicht nur dem Garten, sondern auch dem Dorf zugute kommt. So arbeitet das ganze Dorf Hand in Hand. Die Menschen und besonders die Kinder wissen, dass es auf sie ankommt, wenn das Projekt gelingen soll. Doch auch Enttäuschungen gehören dazu. So hatten sie am Anfang versäumt, den Garten fest genug zu umzäunen. Die Ziegen hatten manches abgefressen, was die Kinder gerne selbst geerntet hätten. Wo die Hühner gescharrt hatten, lagen die jungen Pflanzen vertrocknet auf der Erde.

In anderen Dörfern gehört auch die Haltung von Kleintieren zum Programm. Kinder lernen früh, mit Hühnern, Ziegen und in einigen Dörfern auch mit Kühen umzugehen. Im Dorf Cheelo liefert der Brunnen genügend Wasser. Dort bauten die Bewohner mit zwei Becken eine Art Schwemme, in der die Tiere gereinigt und von Parasiten befreit werden können. Das Projekt führt auch Schutzimpfungen durch, um die Gesundheit der Tiere zu erhalten.

So sind die Gärten und die Kleinlandwirtschaft nicht nur Modell für eine gesündere Ernährung und Eigeninitiative gegen den Hunger, sondern insgesamt ein Musterbeispiel, wie Entwicklung gelingen und der oft große Anspruch der Hilfe zur Selbsthilfe eingelöst werden kann. Dieses Projekt bremst auch die Landflucht. Wer sich von seiner Hände Arbeit ernähren kann und durch den Verkauf der Produkte seinen Lebensunterhalt verdient, wandert nicht so leicht in die Slums der Städte ab. Die Zukunft der Ernährung der Menschen liegt ganz stark in der Förderung der kleinbäuerlichen Landwirtschaft und dem Erhalt der Saaten und Pflanzen, die in den Dörfern gedeihen können. Die Unterstützung von außen durch Saatgut, Wasser und das gärtnerische Wissen ist ein wichtiger Impuls, aber dann liegen die Verantwortung und das Gelingen in der Hand der Menschen. Jede Hilfe von außen für das Projekt wird daraufhin überprüft, ob sie die Eigenverantwortung fördert und die Projektziele erreicht werden. Es ist das Projekt der Menschen am Ort. Die ganze „ownership", wie es im Fachjargon heißt, liegt bei ihnen: Eigentum, Verantwortung, Teilhabe. Was einem gehört, pflegt man besser, zumal dann, wenn Sinn und Nutzen unmittelbar gegeben sind. „Ownership" ist eine Schlüsselerfahrung für den Erfolg in der Entwicklungszusammenarbeit. Darüber hinaus ist es besonders beeindruckend, wie sich die Kinder beteiligen und wie sie verloren gegangenes Wissen an ihre Eltern und Großeltern zurück vermitteln.

Es ist ein Rollen-, ja fast ein Identitätswechsel, den die Kinder hier erleben. Es ist wichtig, was sie sagen und tun. Sie werden ernst genommen. Erwachsene hören auf sie. So haben die Kinder Komitees begründet, in denen sie ihre Themen besprechen. Zwei Kinder aus jedem Komitee haben sich besonders eingearbeitet, was die Kinderrechte für ihr Leben bedeuten. So werden sie ihrem Alter entsprechend ermutigt, anderen Kindern darüber zu berichten und lernen Verantwortung zu übernehmen, was ihnen und der Dorfgemeinschaft im späteren Leben zugute kommen kann. Entwicklung braucht „leadership", braucht Menschen, die bereit sind, sich für andere einzusetzen. So ist im Leben dieser Kinder angekommen, was die Kinderrechte für alle Kinder einfordern: Teilhabe zu ermöglichen, eine eigene Meinung zu bilden und diese „in allen das Kind berührenden Angelegenheiten frei zu äußern" (Artikel 12 der UN-Kinderrechtskonvention). Wie hier haben sich auch in anderen Regionen Kinderkomitees zusammengefunden, in denen Mädchen und Jungen gemeinsam Ideen entwickeln und umsetzen. So fordern sie, an den Schulen kleine Solaranlagen zu installieren, die Autobatterien speisen, um am Abend noch etwas Licht zum Lernen zu haben. Andere wollen eine kleine Bibliothek einrichten. Besonders kreativ fallen ihre kurzen Theaterstücke aus, in denen sie mit drastischen Worten und Gesten die Gefahren von Aids aufzeigen oder Gewaltsituationen anprangern. Die schwersten Themen in spielerischer Form zu präsentieren, ist eine Stärke dieser Kinder. Damit überzeugen sie die Gleichaltrigen mehr als jede moralische Keule.

Mit diesem Ansatz, Kinder zu beteiligen, setzt die Kinderrechtskonvention neben die beiden anderen Aspekte des Schutzes und der Förderung der Kinder nun einen dritten, der Kinder als eigene Personen mit unveräußerlichen Rechten sieht, die es einzuhalten gilt. Kinder als Subjekte ihres eigenen Lebens wahrzunehmen, ist ein Perspektivwechsel, der oft theoretisch daherkommt, aber ganz praktisch das Leben verändern kann, wie es die Schulgärten von Chikuni zeigen. Der theoretische Ansatz, Kinder zu beteiligen, setzt voraus, dass sie Gelegenheiten erhalten zu erzählen. Erwachsene müssen bereit sein, auf ihre Träume und Ideen zu hören. Vor ihren Enttäuschungen und Schmerzen dürfen sie nicht die Ohren verschließen. Es muss Zeiten und Orte geben, an denen sich die Kinder frei und ohne Angst äußern können. „Wir wollen auf Kinder hören", hat daher die Kindernothilfe in ihr Leitbild geschrieben. Dieses „Recht auf Gehör" ist viel mehr als das Recht auf juristische Anhörung, das auch im Artikel 12 gefordert wird. Was Kinder bewegt und umtreibt, soll im Dialog mit ihnen bearbeitet werden.

So wächst von unten her ein Umgang miteinander und eine Kultur, die gute Voraussetzungen schafft für die Entwicklung einer Zivilgesellschaft, die sich mutig in den politischen Diskurs ihres Landes und ihrer Gesellschaft einbringt. Kinder, die sich hier aktiv beteiligen, gewinnen Freude an der Meinungsvielfalt und am öffentlichen Diskurs. Sie wachsen hinein in ein mündiges und selbstverantwortetes Leben. Was sie an Kompetenzen erwerben, wird ihnen helfen, aus dem Teufelskreis der Armut herauszukommen. Kinder erleben, dass sie Rechte haben und sie diese wahrnehmen können. Auch die Kinder, die noch keine Schule besuchen können, beginnen im Kontakt mit den Kindern der Radioschulen zu verstehen, dass kein böses Schicksal sie am Schulbesuch hindert, sondern ihnen ein Recht vorenthalten wird. Die Kinder in den Radioschulen wissen das Recht auf ihrer Seite. Doch zugleich erleben sie es jeden Tag neu, dass ihr Leben nicht nur daraus besteht, lernen zu können. Wie die anderen Kinder auch sind sie in die Pflichten ihrer Familien eingebunden. Damit sie das Recht auf Bildung umsetzen können, müssen sie sich selbst in die Pflicht nehmen. Die familiären Aufgaben und die Schule zu verbinden, ist für manche Kinder hart und an einigen Tagen die Quadratur des Kreises. Shamah bringt es auf den Punkt: „Weil ich weiß, dass ich das Recht auf Bildung habe, nehme ich die Chance zu lernen wahr und arbeite hart in der Schule." Freude, Stolz und Selbstvertrauen schwingen in ihrer Stimme mit. Die ersten Möhren unter den Augen ihrer Großmutter ernten zu können, war für Shamah ein ebenso wunderbarer Tag wie die Zeugnisausgabe am Ende des Schuljahrs. Da war sie mit unter den Besten.

Bei nächsten Mal wird sie mit ihrer Großmutter gemeinsam Möhren aussäen und Tomaten pflanzen. Das haben sich beide versprochen. Um aber noch lesen und schreiben zu lernen, hat die Großmutter keine Kraft mehr. Andere steckt der Lerneifer der Kinder an. Sie wollen eine Schule für Erwachsene und gehen mit gutem Beispiel voran wie der 62-jährige Bruno Munyanzwe. Er gehört zu den Dorfältesten. Englisch hat er gelernt und auch Mathematik. Ohne dass ihm ein Zacken aus der Krone gefallen wäre, hat er sich die Kinder und ihren Eifer zum Vorbild genommen. Wie er lernen die Erwachsenen lesen und schreiben in extra für sie eingerichteten Kursen. So werden die Kinder die Lehrer ihrer Eltern.

# HILFE ZUR SELBSTHILFE – MEHR ALS EIN SCHLAGWORT

„Würde deine Mutter noch leben, wäre sie auch dabei." Schon oft hat Shamah diese Worte von ihrer Großmutter gehört, wenn die zwanzig Frauen einmal pro Woche im Hof ihrer Nachbarin zusammenkommen. Seit ein paar Wochen schon beobachtet Shamah die Frauen, die sich jeden Mittwoch treffen. Die Großmutter fühlt sich zu alt, um sich an der Gruppe zu beteiligen. Aber sie ist froh, dass die Frauen sich gefunden haben. Immer wieder gab es Mütter, die ihre Kinder nicht zu den Radioschulen schickten. Sie brauchten deren Arbeitskraft und meinten, ohne die Hilfe der Kinder die Familie nicht durchbringen zu können, so ihr Argument und ihre Angst. Auf der anderen Seite litten sie unter der täglichen Armut. Jede Krankheit, jeder Schaden am Haus oder eine schlechte Ernte brachten sie an den Rand der Verzweiflung. Andere Frauen hatten etwas mehr Mut und Zuversicht. Wo die einen eher klagten oder still verzweifelten, suchten sie nach Wegen aus der Armut. Dass die Kinder lernten und ernteten, war für sie Ansporn genug, auch etwas zu tun. Das Team aus Chikuni brachte die Idee mit, sich in einer Selbsthilfegruppe zusammenzufinden. Die Gruppe sollte überschaubar bleiben und etwa 20 Frauen umfassen. Sie erzählten von solchen Gruppen, die in anderen Regionen Sambias für sich schon viel erreicht und bewirkt hätten. Eine Mitarbeiterin aus dem Team kam regelmäßig ins Dorf.

Die Idee kam an. Seither treffen sich die Frauen wöchentlich zu einer festgelegten Zeit. Sie sprechen über ihren Alltag, vom täglichen Kampf ums Überleben, von ihren Sorgen und Hoffnungen. Die Situation der Männer und die Folgen der Polygamie und der Familienplanung kommen dabei zur Sprache. Obwohl sich die meisten Frauen kannten, fehlte es anfangs an Vertrauen. Armut allein ist noch kein Grund, um sich gegenseitig das Herz auszuschütten oder solidarisch zu sein. Ohne eine gemeinsame Aufgabe, ein Ziel, das alle erreichen wollen, geht es nicht. Es war schon fast ein Wunder, dass die Frauen in dieser ersten Phase zusammenblieben. Was sie verband, war der Wunsch, mehr Sicherheit beim Familieneinkommen zu erlangen. Für den Start und die Anfangsphase wählte das Projekt eine Frau aus, die Gruppe zu begleiten. Ziel war es, dass die Gruppe dieser Frau später ihre Kosten erstatten würde, wenn sie ihre wirtschaftliche Selbstständigkeit erreicht hätte. Nach Wochen schlug diese Mitarbeiterin vor, dass alle beim nächsten Mal zwei *Kwacha* in eine gemeinsame Kasse legen sollten (1 sambischer Kwacha entspricht 10 Cent). Sie würde darüber genau Buch führen und das Geld so lange verwalten, bis die Gruppe diese Aufgabe selbst in die Hand nehmen würde. Prompt kam Protest und die Frauen sagten, dass sie noch nicht einmal einen Kwacha erübrigen könnten. Doch das Wunder geschah. Als sie sich das nächste Mal trafen, lagen am Ende 40 Kwacha in der Mitte auf einem Tuch. Jede konnte das Geld sehen. Dass sie das geschafft hatten, machte alle stolz und glücklich. Gemeinsam hatten sie eine Leistung erbracht, die viele in der Woche zuvor nicht für möglich gehalten hätten. Für die nächste Woche verabredeten sie, das eben Erlebte zu wiederholen. So wurden aus 40 dann 80 Kwacha. Von Woche zu Woche wuchs das Kapital. Die Mitarbeiterin führte genau Buch. Sie hatte von den anderen Gruppen erzählt, deren Sparguthaben schon so groß war, dass die Frauen sich davon gegenseitig kleine Kredite gewähren konnten. Dazu gehören klare Regeln für die Raten und Zinsen. Auch klärten sie, dass immer abwechselnd eine Frau die Kasse und eine andere den Schlüssel verwahren sollte. Aus den Alphabetisierungskursen der Erwachsenen fand sich bald eine Mutter, die das Kontobuch führen konnte.

Einen Kredit kann nur die Frau erwarten, die das Geld so investiert, dass daraus eine Einkommensverbesserung für ihre Familie entsteht und sie soviel erwirtschaftet, dass sie die Raten und Zinsen an die Gemeinschaftskasse zurückzahlen kann. Manche Frauen wollen den Kredit in Hühner investieren, um dann die Eier oder Küken zu verkaufen. Eine andere will einen kleinen Stand vor ihrem Haus für Seife, Salz und andere Dinge des täglichen Bedarfs aufmachen. Wieder eine andere investiert in große Kochtöpfe und Schüsseln, um sie zu vermieten. Selbst arme Menschen müssen bei verschiedenen Anlässen wie Beerdigungen oder Familientreffen andere bewirten, ohne selbst das dazu nötige Geschirr zu besitzen. So gab es verschiedene Geschäftsmodelle und Ideen. Die Gruppe brauchte Geduld mit sich selbst, denn über die Kreditvergaben stimmten alle gemeinsam ab. Das buchhalterisch gesicherte Sparguthaben war für den Zusammenhalt der Gruppe ebenso wichtig wie die Vergabe der Kredite, um durch die kleinen Investitionen das Geld in Umlauf zu bringen. Der Wert des Geldes steht in einem unmittelbaren Zusammenhang mit dem Selbstwertgefühl der Frauen. Mit dem Sparguthaben merken sie, dass sie selbst etwas wert und wichtig sind. Waren sie vorher in Armut isoliert und ihr Selbstbewusstsein kaum ausgeprägt, so erfahren sie nun, das sie etwas zustande bringen, an das sie vorher nicht geglaubt hätten.

Bei einem solchen Treffen sagte mir eine Frau einmal, dass sie sich vor jedem Treffen waschen und dann ihr Kleid anziehen würde. Wo sie lebte, musste das Wasser von weither in Eimern geholt werden. Da war es nicht möglich, sich jeden Tag ganz gründlich zu waschen. Und das Kleid war eigentlich für die besonderen Tage des Lebens gedacht. Aber durch die Selbsthilfegruppe hatte sie zu sich gefunden und ein ganz neues Selbstvertrauen gewonnen. Dafür waren ihre Pflege und das Kleid ein deutlicher Ausdruck. „Vorher war ich Wasser, jetzt bin ich Wein", hatte in einem ähnlichen Zusammenhang einmal eine Frau zu meinem Kollegen gesagt. Wie Menschen sich wandeln und ihr Leben ganz neu in die Hand nehmen, ist eine Erfahrung mit diesem Programm. Die Frauen erarbeiten sich neue Horizonte über die traditionell festgelegten Rollen hinaus. Die Erfahrung, eigenes Geld zu erwirtschaften, kommt für viele einem Sprung von null auf hundert gleich. Hühner zu besitzen, deren Eier sie verkaufen können, gar eine Kuh zu haben, die Milch gibt, oder eine Nähmaschine ihr Eigen zu nennen, um das Verdiente für die Kinder einzusetzen, ist real erlebte Emanzipation.

Diese Selbsthilfegruppen sind in Sambia ein Markenzeichen der Zusammenarbeit zwischen Kindernothilfe und verschiedenen sambischen Partnerorganisationen. In der Stadt Choma zum Beispiel werden auf dem großen Markt etwa 200 Stände von Frauen aus den Selbsthilfegruppen geführt. Nicht nur hier, sondern auch in anderen Landesteilen sind diese Gruppen eine wirkliche „Marktmacht." Eine Frau, die heute mit Fahrradersatzteilen handelt, sagt voller Stolz: „Kommt in drei Jahren wieder und ich handle mit Autoteilen und fahre selbst eins." Großes Gelächter und Hallo bei den anderen Frauen ist die Folge. Aber es zeigt ihren Mut und ihr Selbstbewusstsein. Doch der größte Stolz ist, dass es ihren Kindern besser geht, sie zur Schule gehen, satt werden und ihnen bei Krankheiten geholfen werden kann.

Immer wieder taucht die Frage auf, warum es Frauen sind, die solche Gruppen bilden und Erfolge haben. Entwicklung ist weiblich, sagt ein Schlagwort. Das richtet sich nicht unbedingt gegen Männer. In der Zukunft müssen sie stärker einbezogen werden. Mit den Selbsthilfegruppen der Frauen ist die Geschlechtergerechtigkeit in den Familien und Dorfgemeinschaften als Thema angekommen. Häusliche Gewalt ist ein drängendes Problem, das die Frauen nicht länger verschweigen wollen. Sie suchen nach ihrer Rolle in der Familie und sind bereit, Verantwortung zu übernehmen. Die Erfahrung zeigt, dass Mütter viel stärker an das Wohlergehen ihrer Kinder denken und bei allen Investitionen dadurch einen weiteren Blick in die Zukunft haben als Männer. Ihnen liegt oft ein Prestigeprojekt am Herzen, dessen Zukunftsfähigkeit und Nachhaltigkeit eher zweifelhaft ist. Durch das Engagement der Frauen beginnt sich die sambische Gesellschaft zu verändern. Die Selbsthilfegruppen sind eine zivilgesellschaftliche Macht, die auch politischen Einfluss gewinnt. Hier liegt eine Stärke des Selbsthilfe-Ansatzes. Er unterscheidet sich deutlich von den vielen Mikrofinanzsystemen, die es in der Entwicklungszusammenarbeit auch gibt. Dort kommt das Kapital von außen. In den Selbsthilfegruppen sparen es die Frauen selbst an. Es ist ihr Vermögen im doppelten Sinn des Wortes. In Chikuni erwirtschaften die Frauen mit den verschiedenen Geschäftsideen schon so viel, dass aus fast allen Dörfern Kinder eine weiterführende Schule besuchen können, für die Schulgeld anfällt. Auch die Krankheit eines Kindes oder Familienangehörigen wird nicht mehr zur Apokalypse, sondern es können Wege gefunden werden, die Kosten aufzubringen. Das langfristige Ziel besteht darin, die einzelnen Gruppen in der Region zusammenzuschließen zu einem überregionalen oder auch nationalen Dachverband. Hier entwickeln diese Gruppen eine politische Kraft und Relevanz, die die soziale Lage und Infrastruktur deutlich verbessern kann, wenn zum Beispiel Kindergärten oder Gesundheitsstationen gebaut werden.

## KINDESSCHUTZ GEHT ALLE AN

Nun ist Chikuni keine heile Welt und Schulen und Gärten nicht nur Orte des Friedens. Was sie tun und anbieten, geschieht in einer Region, die auch ganz andere Erfahrungen kennt und von lebensbedrohlichen Konflikten gezeichnet ist. Frauen und Mädchen sind oft die Leidtragenden und Opfer. Die Prügelstrafe ist in den Familien und staatlichen Schulen noch weit verbreitet und gilt als selbstverständlich. Dies senkt die Hemmschwelle zur Gewaltanwendung auch in anderen Lebensbereichen, zum Beispiel dabei, dass Männer ihre Frauen prügeln. Mancher Übergriff hat schon auf dem weiten Weg zu diesen Schulen begonnen und das Leben von Mädchen bedroht und beschädigt. Viele Geschichten von sexuellen Belästigungen der Mädchen kursieren in den Dörfern. Entführungen seien vorgekommen und frühe Schwangerschaften in der Pubertät gibt es immer wieder. Solche Übergriffe werden oft kaschiert und selten geahndet, weil nach traditionellem Verständnis ein Mädchen mit dem Erreichen der Pubertät heiratsfähig ist und schwanger werden darf. Auch in Chikuni müssen sich die Verantwortlichen der Radioschulen mit tief verankerten Traditionen auseinandersetzen, wenn sie Mädchen den Zugang zur Bildung und damit zu einem selbstbestimmten Leben ermöglichen wollen. Da ist der Brautpreis, der in aller Armut ein kurzes Aufatmen ermöglicht. Da sind die an Aids erkrankten Familienangehörigen, die zu pflegen sind. Bei den knappen Ressourcen wurden schon immer Jungen bevorzugt, wenn entschieden werden sollte, wer eine Schule besuchen darf. So weiß Shamah von Mädchen, die die Schule abbrechen mussten und trotz guter Erfolge zu keinem Abschluss mehr kommen werden, weil die Eltern anders entschieden haben oder sie schwanger wurden. Shamah ist sich sicher, dass ihr dieses Schicksal erspart bleibt. Da kann sie auf ihre Großmutter bauen. Doch sie weiß, dass es auch auf sie ankommt.

Deshalb war sie froh, dass sie mit mehr als 200 Mädchen an einem Seminar zum Thema Kindesschutz teilnehmen konnte. Die körperlichen Veränderungen der Pubertät, Fragen der Hygiene während der Monatsperiode und der Körperpflege konnten mit den Trainerinnen des Seminars offen und angstfrei besprochen werden. Sie sprachen über Sexualität, erfuhren Neues über die Anatomie von Mädchen und Jungen. Verhütung ist ein großes Thema, vor allem bei der allgegenwärtigen Angst vor HIV. Sie lernten mit Kondomen umzugehen und das in einer Region, die von der katholischen Mission geprägt ist. Doch die Jesuiten hier stehen den Menschen und ihren Nöten näher und nehmen vorweg, was hoffentlich einmal auch kirchliche Lehrmeinung wird. Den Armen zum Leben zu helfen, hat Vorrang vor der offiziellen Lehre. In dieser Atmosphäre finden Seminare statt. Vorträge im Plenum liefern die Informationen. Gespräche in Kleingruppen schaffen das Vertrauen, um auch persönliche Erfahrungen austauschen zu können. Es ist schwer, über erlittene Gewalt zu sprechen, wenn die Erinnerungen die Gefühle überwältigen. Wann werden Grenzen überschritten? Ist es schon das anzügliche Wort, das sich immer wiederholt? Ist es die Angst, auf dem Weg bedrängt zu werden? Zählt als Gewalt nur der tätliche Übergriff? Sind es Fremde, die zur Gewalt greifen oder eher Männer und Jungen aus Familie und Nachbarschaft? Die Grenzen sind oft schwer zu erkennen. Der anzügliche Spruch kann eine einmalige Entgleisung sein, aber auch der Beginn einer Eskalation, die nicht vorherzusehen ist.

Es bedeutet für die Mädchen enorm viel zu wissen, dass sie das Recht auf ihrer Seite haben. Der „Schutz vor Gewaltanwendung, Misshandlung und Verwahrlosung" gilt nach Artikel 19 der Kinderrechtskonvention allen Kindern. Auch die politische Führung Sambias hat dies durch ihren Beschluss bestätigt. Willkür gegenüber Kindern ist Unrecht. Mädchen, die dies wissen und mit ihrem Leben verbinden können, treten drohender Gewalt mutiger entgegen. Sie wachsen in ein Selbstvertrauen hinein, das ihnen hilft, Grenzen zu setzen. Für sie sind die Kinderrechte keine ferne Theorie, sondern eine praktische Hilfe in ihrem Alltag. Mädchen, die ihre Rechte kennen, wenden sie auch an. Das zeigte der Verlauf des Seminars im Jahr 2014. Es brauchte Zeit und manche Überwindung, aber am Ende des Seminars standen die Berichte von 24 Missbrauchsfällen, die dem Leitungsteam übergeben wurden. Vier Fälle waren so gravierend, dass die Polizei sie übernahm. Bei den anderen waren medizinische Hilfe oder eine Beratung der Opfer nötig. So zu reagieren und zu handeln, war für alle Neuland. Kindesschutz, so wissen nun alle, fängt beim eigenen Verhalten an.

Was die Mädchen lernen, müssen auch die Eltern und die Dorfältesten erfahren. So kamen zu einer weiteren Veranstaltung 108 traditionelle und politische Führungspersonen aus den Dörfern zusammen. Es ging darum, dass sie den Kindesschutz zu ihrer Sache machten. Sie erfuhren, dass ihnen Schlüsselpositionen zukommen, wenn es um das Recht auf Leben und Entwicklung für die Kinder ihrer Dörfer geht. Jeder soll wissen, was Recht und Unrecht ist. Und alle sollen die Aufgabe und den Mut haben, dem Missbrauch zu wehren.

Wahrscheinlich sind die 24 Missbrauchsfälle noch nicht in die Statistik der Weltgesundheitsbehörde eingegangen. Diese geht davon aus, dass weltweit 20 Prozent der Mädchen und 10 Prozent der Jungen Opfer von sexualisierter Gewalt sind. Das sind Hunderte von Millionen Kinder, eine schier unfassbare Zahl. Dabei sind Kinder mit Behinderungen zweimal so häufig betroffen. Wahrscheinlich stehen alle diese Zahlen im Schatten einer noch viel höheren Dunkelziffer. Die Missbrauchsfälle in christlich geführten Heimen, Schulen und anderen Einrichtungen in den vergangenen Jahrzehnten, die seit einigen Jahren in Deutschland der breiten Öffentlichkeit bekannt wurden, lassen das Leid ahnen, das über diese Kinder kam. Manche Träger haben die Aufklärung dieser Skandale mutig begonnen und führen sie offensiv und transparent fort. Andere erschienen hilflos und überfordert und versuchten, sich aus der Affäre zu ziehen oder von den eigentlichen Skandalen durch alle möglichen Erklärungen abzulenken. Aus der Sicht der Opfer liegt noch vieles im Dunkeln. Finanzielle Entschädigungen stellen bei weitem nicht alle zufrieden. In den 50er- und 60er-Jahren des vergangenen Jahrhunderts gab es kein Instrumentarium, das präventiv und in der nachgehenden Aufklärung und Verfolgung der Taten hätte eingesetzt werden können.

Nicht nur die Fälle dieser Jahre erschütterten die Öffentlichkeit, sondern auch Bilder missbrauchter und oft getöteter Kinder mitten unter uns. Aber auch der internationale Kinderhandel und der Sextourismus zerstören das Leben vieler Kinder. Die Verschleppung und Versklavung von Mädchen durch die Terror-Organisation Boko Haram in Nordnigeria gehören ebenso dazu wie das Schicksal von Kindersoldaten. Kinder, die Anfang des Jahrtausends in großer Zahl von der Miliz der sogenannten „Lord's Resistance Army" (LRA) in Uganda gezwungen wurden, Eltern und Geschwister zu töten, um für den Kampf abgestumpft und für den Missbrauch gefügig gemacht zu werden, können ihr Leid auch nach Jahren kaum in Worte fassen. Wo immer ein Erdbeben ein Land oder eine Region erschüttert, ein

Tsunami Kinder alleine zurücklässt oder Kriege Familien zerstören, sind die Kriminellen nicht fern, die Kinder entführen und verkaufen, nicht selten unter dem Deckmantel der Adoption, für die es einen illegalen Markt gibt. Schutzlos den Verbrechen ausgeliefert sind Kinder immer dann, wenn keine Geburtsurkunde ihre Existenz beweist oder ein anderes Dokument ihre Identität bestätigt.

Wer diesen Machenschaften Einhalt gebieten und Widerstand entgegensetzen will, muss den Kindesschutz zu einem politischen Programm machen. Verankert in der Kinderrechtskonvention (Artikel 19) muss er in allen Ländern, die die Konvention ratifiziert haben – und das sind fast alle Staaten – nationales Recht werden. Doch zwischen dem geschrieben Recht und der Wirklichkeit liegen oft Welten. Daher sind eigentlich alle Organisationen, Einrichtungen, Schulen und Institutionen, die mit Kindern zu tun haben, gefordert, ein Kindesschutzprogramm zu entwickeln. Dabei müssen alle Formen des Missbrauchs und der Misshandlung bedacht werden. Welchen Umfang das hat, zeigt die Definition der Weltgesundheitsorganisation WHO:

„Kindesmissbrauch oder Kindesmisshandlung umfasst alle Formen der körperlichen und/oder emotionalen Misshandlung, des sexuellen Missbrauchs, der Verwahrlosung oder der kommerziellen bzw. anderweitigen Ausbeutung, die zu einer tatsächlichen oder möglichen Gefährdung der Gesundheit, des Überlebens, der Entwicklung oder Würde des Kindes führen innerhalb eines von Verantwortung, Vertrauen oder Macht geprägten Verhältnisses."

Körperliche Misshandlung ist offensichtlich, wenn ein Kind geschlagen oder verletzt wird. Aber auch die mangelnde Bereitschaft, ein Kind vor solchen Übergriffen zu schützen, gehört dazu. Auf emotionaler Ebene liegt eine Misshandlung immer dann vor, wenn einem Kind eine Umgebung vorenthalten wird, in der es sich entwickeln kann, wenn es verbal verletzt und durch das Verhalten anderer gedemütigt wird, sodass es in seiner

Entwicklung Schaden nimmt. Der sexuelle Missbrauch beginnt bei unangemessenen Berührungen, umfasst alle Formen sexueller Betätigung, aber auch das Zeigen pornografischer Bilder. Kinderprostitution gilt als die schwerste Form der Ausbeutung, sie geht oft einher mit anderen Formen ausbeuterischer Kinderarbeit, die das Leben der Kinder dauerhaft ausnutzt und schädigt. Aber auch Unterernährung, Obdachlosigkeit und mangelnde medizinische Unterstützung sind Formen der Vernachlässigung, die im Sinn des Kindesschutzes nicht hingenommen werden dürfen.

Die Erfolge im Kindesschutz sind umso größer, je mehr schon präventiv darauf geachtet wird, dass Kinder in einem sicheren Umfeld aufwachsen können. Das ist Aufgabe aller, die in Projekten und Einrichtungen mit Kindern zu tun haben. Ihnen bringen Kinder oft ein großes Vertrauen entgegen, besonders dann, wenn sie Schutz und Hilfe brauchen. Da ist es besonders schlimm und für die Kinder eine tiefe Verletzung ihres Vertrauens, wenn sie gerade durch diese Menschen Gewalt und Missbrauch erfahren. „Kinder lieben ihre Eltern, auch wenn diese mit Steinen nach ihnen werfen." Das sagte mir eine Mitarbeiterin, die sich um Kinder kümmerte, die immer wieder häusliche Gewalt erfahren hatten. Die Abhängigkeit der Kinder von den Eltern und Erwachsenen ist so groß, dass Kinder trotz negativer Erfahrungen den Menschen Vertrauen entgegenbringen, die sich um sie kümmern sollten, auch dann, wenn aus dieser Abhängigkeit Missbrauch wird. Das zeigt, welches Leid ein Kind durchmachen muss, wenn sein Vertrauen zerstört wird.

Auf dem Hintergrund dieser Erfahrungen wird deutlich, dass Kindesschutz sich nicht auf nachgehende Sorge der missbrauchten Kinder und Bestrafung der Täter beschränken darf, sondern viel früher ansetzen muss. Wichtig ist es, ein durchgängiges Konzept zu erarbeiten. Dazu gehört eine Früherkennung im Lebensumfeld der Kinder, eine Sensibilisierung und Schulung der Personen, die mit Kindern umgehen und ein Fallmanagement, das im Missbrauchsfall greift. Für eine internationale

Organisation wie die Kindernothilfe fängt der Kindesschutz schon bei der Personalauswahl an, führt weiter zur Schulung der Mitarbeiterinnen und Mitarbeiter, verlangt ein erweitertes polizeiliches Führungszeugnis und verpflichtet alle, auch die Ehrenamtlichen und Spender, Paten oder Journalisten, die in den Ländern Projekte besuchen wollen, die Leitlinien des Kindesschutzes einzuhalten und dies durch ihre Unterschrift zu bestätigen. Wie in Chikuni durchlaufen auch alle Partner der Kindernothilfe weltweit diesen Weg. Dazu finden Seminare und Schulungen in den jeweiligen Ländern statt. Lokale Experten öffnen die Blicke für den jeweiligen Kontext. Die Partnerorganisationen sind verpflichtet, Kindesschutzbeauftragte zu benennen, die mit dem Kindesschutzteam in der Duisburger Geschäftsstelle zusammenarbeiten. Was wie ein bürokratisches Gebilde aussieht, hat sich aber in der Praxis bewährt. Nichts ist schlimmer als die unkoordinierte und aufgeregte Reaktion auf einen Missbrauchsfall, in dem die Emotionen hochkochen und die Nerven blank liegen. Durch falsche Verdächtigungen und vorschnelle Verurteilungen auf der einen und Vertuschen oder gar Mundtotmachen auf der anderen Seite und Handeln ohne klare Kompetenzen und Verfahren entsteht oft ein Chaos, das das geschehene Leid eher größer macht als aufklärt.

Solch eine durchgängige Kindesschutz-Policy, wie sie die Kindernothilfe erarbeitet hat, legt die Messlatte recht hoch. Aber genau dies ist erforderlich und macht auch ihren Erfolg aus. Sie schreckt potenzielle Täter ab und macht die Aufklärung der Fälle leichter. Gerade weil es einen hundertprozentigen Schutz nie geben wird und das Leid der missbrauchten Kinder eine stetige Anklage bleibt, braucht der Kindesschutz solch umfassende Maßnahmen. Umso wichtiger ist es, dass Kinder und Jugendliche wie Shamah ihre Rechte kennen und selbstbewusst auftreten können.

Shamah will einmal Lehrerin werden. Sie möchte später an Kinder weitergeben, was sie gelernt hat. Sie weiß, dass in der Region Chikuni noch viele Kinder darauf warten, zur Schule gehen zu können. Und vielleicht, so sagt sie, wird es dann nicht nur auf der Missionsstation im fernen Chikuni, sondern auch in einem der größeren Dörfer eine weiterführende Schule geben. Dort würde sie dann gerne Englisch unterrichten und Biologie. Sie möchte, dass die Kinder ihr eigenes Leben meistern können und sich für die Gemeinschaft einsetzen. Und hinter ihrem Haus wäre ein großer Garten. Dort, so träumt sie, würde sie dann einmal ihren eigenen Kindern zeigen, wie die Möhren wachsen und was sie davon lernen können.

Bei den Müllsammlern von El Ocotillo

# HONDURAS

Im Mausoleum der ermordeten Straßenkinder Straßenkinder

Kinder der Casa Alianza

So leben Kinder am Rande der Müllhalde

Ein ehemaliges Straßenkind mit ihrem Baby

Jeder Besuch zeigt den Müllsammlern: Du bist wichtig

Kochen auf offenem Feuer ist gefährich

# INDIEN

Dieser Junge konnte gerettet werden

Im Behandlungsraum von Agni Raksha

Zwei mutige Frauen, Dr. Prema Dhanraj und ihre Schwester Chitra Dhananjay

Häusliche Feuerstelle

Leben in Würde ist trotz Verbrennungen möglich

Mit neuen Ideen und Hoffnungen aufwachsen

# SAMBIA

In der Radioschule 1

In der Radioschule 2

Die Schüler sind mit Feuereifer dabei zu lernen

Enkelin und Großmutter arbeiten im Schulgarten

Unterricht unter dem Baum

Leben in Trümmern

# HAITI

Der Weg nach vorn geht über die Trümmer hinaus

Port-au-Prince nach dem Erdbeben

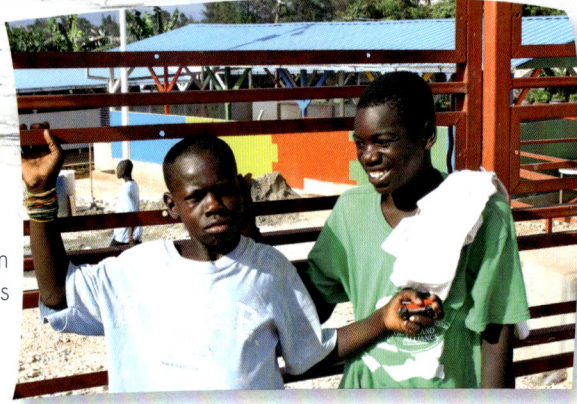

Kinderzentrum Sinéas

Ein Restavèk-Kind bei der Hausarbeit

Freizeit ist ein Fremdwort für Restavèk-Kinder

In Sinéas tanzen Kinder gegen ihre traumatischen Erfahrungen an

Jeder Besuch im Kinderzentrum Sinéas wird gefeiert

Im Kinderzentrum

Jürgen Schübelin im Slum von Wharf Jeremie

Alinx und Alvaro planen mit den Schwestern eine neue Schule

Das Kinderzentrum von Sinéas ist eine Stadt für sich

Auf dem Weg ins Lager der Inlandsflüchtlinge

# SOMALILAND

Fischer im Hafen
von Berbera

Ein Flüchtlingslager
in Somaliland

Lesen und Schreiben ist für diese Frauen der Schlüssel zum Leben

Frauenselbsthilfegruppe bei ihrem wöchentlichen Treffen

Hoffentlich bleibt diesen Mädchen das Schicksal der Mütter erspart

Jürgen Thiesbonenkamp und Dr. Asia Abdulkadir übergeben den Frauen ihre Zertifikate

Öffentlichkeitswirksame Aktionen gehören dazu

# ACTION!KIDZ

Die Kindernothilfe braucht auch politische Unterstützung

Gruppenbild mit den Gewinnern und Culcha Candela

Die Gewinner der „Action!Kidz-Kinder gegen Kinderarbeit" weden von Christina Rau und Jürgen Thiesbonenkamp von der Kindernothilfe ausgezeichnet

# HAITI – VON SKLAVEREI ZUM NEUANFANG

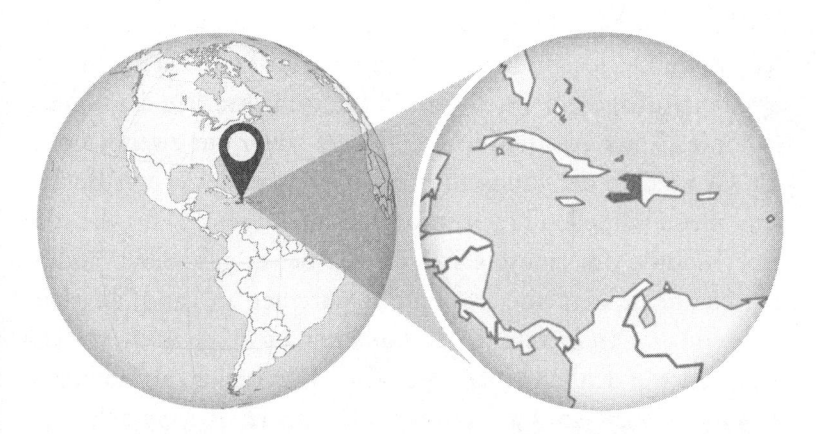

Die Karibikinsel Haiti misst 28.000 Quadratkilometer und hat 10,6 Mio Einwohner. Damit ist sie kleiner als Baden-Württemberg, hat aber genauso viele Bewohner. Die Kindernothilfe ist seit 1973 im Land vertreten. Insgesamt werden nach dem umfassenden Wiederaufbauprogramm in der Folge des Erdbebens von 2010 jetzt mehr als 16.000 Kinder in 13 verschiedenen Projekten unterstützt.

## HAITI – VON SKLAVEN BEFREIT

Gerade dem chaotischen Verkehrsgewühl entronnen, war es eine ganz neue Erfahrung für mich, geduldig in der langen Schlange vor dem Kassenhaus zu stehen. So begehrt war es, die Buchmesse zu besuchen, die im *Parc Historique de la Canne à Sucre* so viele Menschen anzog. Was nach dem Erdbeben kaum einer für möglich gehalten hätte, fand nun drei Jahre danach am

30. Mai 2013 einen überwältigenden Zuspruch. Dieser Hunger nach Worten, Geschichten und Bildung in dem „ärmsten Land der westlichen Hemisphäre", wie Haiti oft abgestempelt wird, beeindruckte mich sehr. Trotz Mangelernährung, Hunger und einer Analphabetenrate von fast 50 Prozent war hier zu spüren, dass „der Mensch nicht vom Brot allein lebt". Nicht wenige, die da anstanden, werden sich den Eintritt und den Kauf eines Buches vom Mund abgespart haben. Auch ich hatte ein Ziel. Ich wollte Dr. Joseph Bernard jr. treffen. Er hatte bereits in der zweiten Auflage ein Buch über die Geschichte der deutschen Kolonie Haitis veröffentlicht und kurz zuvor ein zweites über die Geschichte der Juden in Haiti. Der Titel des ersten Buchs kann beim schnellen Lesen etwas irreführend sein. Haiti war nie eine Kolonie des deutschen Reiches. Aber es gab neben anderen Nationalitäten eine „Kolonie" Deutscher im Land, die sich während der französischen Kolonialzeit niedergelassen hatten und später in den Jahren des deutschen Kaiserreichs als Kaufleute mit den sogenannten Kolonialwaren des Landes handelten.

Kolonialherrschaft prägte Haiti über Jahrhunderte. Sie hat Spuren hinterlassen, die noch mehr als zweihundert Jahre nach der Gründung des Staates Haiti zu erkennen sind. Kolumbus erreichte die Küste 1492 und nannte die Insel, auf der heute die Dominikanische Republik im Osten und Haiti im Westen liegen, *La Isla Española*, später *Hispaniola* genannt. In wenigen Jahren rotteten die europäischen Einwanderer die ursprüngliche Bevölkerung der *Taínos* aus. Eine Spur, die zu diesen Volk zurückführt, ist das Wort *Ayiti*. Es bedeutet „bergiges Land". Der Name bewahrt die Erinnerung an die vorkoloniale Zeit.

Mit der „Entdeckung" des Kolumbus war der Wettlauf der europäischen Mächte um die Kolonien eröffnet. Französische Freibeuter setzten sich auf der Insel *La Tortuga* fest und siedelten später im heutigen Haiti. Schon 1655 gab es unter Ludwig XIV. die erste Gründung einer französischen Kolonie unter dem Namen *Saint-Dominigue*. Zwischen Frankreich und Spanien gingen die Ansprüche und der Besitz der ganzen Insel eine

Weile hin und her, bis der kleinere Westteil unter französische Herrschaft kam. Haiti wurde zum bedeutendsten Rohstofflieferanten Frankreichs, vor allen für Zucker und Kaffee. Seit 1505 waren stetig afrikanische Sklaven ins Land gebracht worden, die auf den Plantagen, Betrieben und Haushalten zu Hunderttausenden arbeiteten. Etwa 95 Prozent der heutigen Bevölkerung sind deren Nachkommen. Sie kamen vorwiegend aus Westafrika, aber auch aus dem Kongo oder Angola. Die Vielfalt der afrikanischen Völker und Sprachen nutzten die Sklavenhalter aus, indem sie die Menschen mischten, sodass sich diese kaum untereinander verständigen konnten. Genau dies führte dann zur Entwicklung des Kreol, der heutigen Nationalsprache. Zur haitianischen Gesellschaft dieser Jahre gehörten Mulatten, die als freie Bürger dennoch nicht die gleichen Rechte wie die Europäer hatten. Auch die Europäer waren keine Einheit, sondern Nachfahren von ehemaligen Freibeutern, verbannten Strafgefangenen, Prostituierten oder Angehörige einer Adels- und Oberschicht, die die Plantagenwirtschaft und die politische Macht in ihren Händen hielt. So bestand die haitianische Gesellschaft aus verschiedenen Gruppen mit unterschiedlichen Interessen – ein koloniales Erbe bis heute. Die gesellschaftliche Fragmentierung spiegelt auch das geografische Bild des Landes, in dem Gebirge, Küstenregionen und Ebenen oftmals voneinander getrennte Räume darstellen. Beide Faktoren sind Indizien für die andauernden Schwierigkeiten Partikular- und Gesamtinteressen zu integrieren.

Der Funke der Französischen Revolution von 1789 war auch nach Haiti übergesprungen. Von 1791 an gab es verschiedene Aufstände, durch die sich die Sklaven von der französischen Herrschaft befreiten. Haiti ist der einzige Staat der Welt, der aus einer Revolte von Sklaven hervorgegangen ist. Damit war Haiti gleichzeitig das erste Land Lateinamerikas, das sich aus der Kolonialherrschaft befreite. Der Wunsch nach Freiheit und die Erfahrungen von Gewalt sind seither tief in die Geschichte Haitis eingeschrieben. Am 1. Januar 1804 erklärte der General der Aufstandsarmee Jean-Jacques Dessalines Haiti für befreit. In den Jahren danach stellte Simon Bolivar in Jacmel an der Südküste Haitis Truppen zusammen für seine Befreiungskämpfe in anderen Ländern Südamerikas. In Haiti wurden fast alle Franzosen ermordet. Mulatten übernahmen die Plantagen und sicherten sich gegenüber der schwarzen Bevölkerung auf lange Zeit die ökonomische Macht im Land, die auch ihren politischen Einfluss stärkte. Viele interne Kämpfe zogen von Anfang an eine blutige Spur in den noch jungen Staat. Die lange Liste der Präsidenten, die seither Haiti regiert haben, ist Ausdruck der politischen Instabilität des Landes. So war es den USA möglich, das Land von 1915-1934 ungefragt zu regieren, was deutlich an die koloniale Zeit erinnerte. Haiti, heute eine gute Flugstunde von Miami entfernt, blieb auch danach unter dem Einfluss der USA.

## HAITI – VON DIKTATOREN BEHERRSCHT

Dies führte auch dazu, dass sich in den Jahrzehnten des „Kalten Kriegs" von 1957-1986 die grausame Dynastie der Duvaliers unter den Namen „Papa Doc" und „Baby Doc" an der Macht halten konnte. Sie plünderten das Land gnadenlos aus und verteidigten ihre Interessen gegen das Volk, besonders unter der Herrschaft von „Papa Doc" mit den berüchtigten *„Tonton Macoutes"*, deren Gewalt mehr als 60.000 Menschen zum Opfer fielen. Als Totschlägertruppe und Geheimpolizei agierten sie außerhalb jeder Legalität. Sie hatten ja die Zusicherung, straflos zu bleiben. Vater und Sohn waren jeweils Präsidenten auf Lebenszeit. „Baby Doc" kam nach dem Tod des Vaters bereits mit 19 Jahren in dieses Amt. Sein Ende leitete Papst Johannes Paul II. 1983 mit der von ihm überlieferten Bemerkung ein: „Die Dinge müssen sich ändern". „Baby Doc" wurde 1986 nach Frankreich ausgeflogen, nachdem die Hungerproteste immer massiver wurden. Nach dem Erdbeben kam er im Jahr 2011 nach Haiti zurück, wo er Anfang Oktober 2014 starb, ohne dass man ihm den Prozess gemacht hätte.

Als Hoffnungsträger der Armen errang der damalige Priester Jean-Bertrand Aristide 1990 die Macht. In seiner durch Putsch, Exil und Wiedereinsetzung wechselvollen Präsidentschaft blieb von seinem befreiungstheologischen Ansatz so gut wie nichts mehr übrig. Die Armut ergriff immer mehr Menschen. Im Sog des Drogenhandels stieg die öffentliche Gewalt. In ihrer Not aßen Menschen aus Lehm, Öl, Salz und Gemüse gebackene Fladen, *mud cookies* genannt. Der Anstieg der Lebensmittelpreise, die massive Gewalt der Banden in den großen Slums und der Verlust des Rückhalts durch die USA zwangen Aristide, außer Landes zu gehen. Er fand Asyl in Südafrika, kehrte 2011 ebenfalls nach Haiti zurück und nimmt heute durch seine Bewegung *Lavalas* Einfluss auf die politische Entwicklung. Da er die Armee abgeschafft hatte, übernahmen 2004 auf Beschluss der UN die „Blauhelme" MINUSTAH die Kontrolle über die öffentliche Ordnung im Land. Die Soldaten und Polizisten dieser Mission kommen aus vielen verschiedenen Ländern. In den Augen mancher Haitianer sind sie eine Besatzungstruppe, andere sehen in ihr eine Ordnungsmacht, ohne die das öffentliche Leben noch mehr Gewalt zu ertragen hätte. Im Oktober 2010 wuchs die Aversion gegen MINUSTAH deutlich. Vermutlich gelangten durch unsachgemäß entsorgte Fäkalien Cholerabakterien aus den Quartieren nepalesischer Soldaten in den Fluss *Artibonite*, der die dortige Bevölkerung mit Wasser versorgt. Die Cholera verbreitete sich im Land danach endemisch. An ihr erkrankten mehr als 600.000 Menschen und etwa 8.500 starben an ihren Folgen. Dies war ein weiterer schwerer Schlag nur wenige Monate nach dem Erdbeben.

Präsident René Préval, der über die Zeit des Erdbebens hinaus im Amt war und dann durch Wahlen im Mai 2011 von Michel Martelly als dem 56. Präsidenten Haitis abgelöst wurde, hatte nach der Katastrophe noch die Zusage der von der UN einberufenen internationalen Geberkonferenz entgegengenommen,

Haiti 7,3 Milliarden Euro aus staatlichen Mitteln zur Verfügung zu stellen. Dabei handelt es sich nicht ausschließlich um „frisches Geld", das zusätzlich zur Verfügung steht, sondern in weiten Teilen um die Addition früher zugesagter Summen. Bis heute ist unklar, ob alle Versprechen gehalten wurden. Auch kann nicht lückenlos nachgewiesen werden, wie diese Gelder verwendet wurden.

## PLÖTZLICH KENNT JEDER HAITI

Mit dem Erdbeben 2010 geriet Haiti plötzlich in den Blick der Weltöffentlichkeit. Wer in den Monaten danach durch Port-au-Prince fuhr, hatte wegen der vielen Autos internationaler Organisationen den Eindruck, dass nicht der Staat sondern die Organisationen den Aufbau des Landes voranbrächten. Wer mit Behörden wegen der Erstellung von Genehmigungen oder Zolldokumenten zu tun hatte, haderte mit einer Administration, die viele Prozesse verzögerte, bürokratisch reagierte und nur selten kooperativ war. In vielen Fällen gab es eine Fülle von Hürden, die oftmals den Wiederaufbau behinderten. Da hatten es die internationalen Organisationen nicht leicht, dieses Verhalten gegenüber ihren Spendern und Geldgebern plausibel zu machen. Dazu gehörte auch, dass viele Beamte und Angestellte des öffentlichen Dienstes ums Leben gekommen waren, Akten unter den Trümmern unauffindbar blieben, und es sich kein Staat leisten kann, sich in einer Katastrophensituation auf ausländische Akteure allein zu verlassen. Denn auch hier zeigte sich, dass nicht alle, die mit ihren Spenden gekommen waren, wirklich nachhaltig mit den Menschen zusammenarbeiten wollten oder konnten. Doch mit den Monaten trennte sich die Spreu vom Weizen. Letztlich sind nur die geblieben, die wie Kindernothilfe schon lange im Land Projekte fördern und staatlich anerkannt mit haitianischen Partnern zusammenarbeiten.

Die schweren Schäden des Erdbebens gehen auch auf politische und administrative Versäumnisse der vergangenen Jahre zurück, zum Beispiel bei den Baugesetzen und ihrer Überwachung. Die alte Architektenweisheit hatte sich grausam bewahrheitet: „Erdbeben töten keine Menschen, sondern Gebäude töten Menschen." Niemand kann Erdbeben exakt voraussagen. Erdbebensicheres Bauen als Prävention aber ist möglich. 2008 hatten sich Hinweise auf eine bevorstehende Gefährdung verdichtet, doch nichts war geschehen. Auch gab es keine Maßnahmen des Katastrophenschutzes für die Zivilbevölkerung. Der enorme Zustrom von Menschen nach Port-au-Prince und die fehlende Stadt- und Regionalplanung sind Ursachen für das Ausmaß der Zerstörung bei dem Erdbeben von 2010 genauso wie bei den Hurrikans, von denen allein vier im Jahr 2008 große Schäden verursacht hatten. Die Ökobilanz Haitis ist mehr als prekär. Nur noch zwei bis vier Prozent des Landes sind bewaldet. Große, durch Erosionen verursachte Abbrüche zeigen sich an vielen steilen Berghängen. Fruchtbares Land wird fortlaufend ins Meer gespült. Mangelernährung trotz vieler Hungerproteste gehört zum Alltag vieler Menschen. Der Zugang zu sauberem Trinkwasser ist in vielen Stadt- und Landesteilen nicht oder nur erschwert möglich. Abwässer fließen ungeklärt ins Meer und führen dabei riesige Mengen von Verpackungsmüll mit sich.

Die politische Landschaft ist sehr zersplittert. Staatliche Ämter und politische Verantwortung sehen viele als Möglichkeit, sich zu bereichern. Daher sind auch im Alltag viele Vorgänge nur über Korruption zu erreichen. Auch wenn Haiti nach dem Human Development Index (HDI) 2013 auf Platz 168 von 187 Staaten lag, so empfanden die Menschen das Erdbeben als einen schweren Rückschlag im Blick auf die Lebensbedingungen, die Wirtschaft und Sicherheitslage, die sich in den Jahren vor dem Beben etwas verbessert hatten. Es lag eine vorsichtig optimistische Stimmung in der Luft. Das Schweigen der Regierung und die Ohnmacht des Staates, angesichts der Katastrophe für die

Menschen zu sorgen, war ein schwerer politischer Rückschlag. Das schon immer vorhandene Misstrauen in die politische Führung meldete sich verstärkt zurück. Dennoch sind viele Leute sehr stark, meistern täglich den Kampf ums Überleben und entwickeln unter sich Solidarsysteme, die ihnen in den schlimmen Erfahrungen des Erdbebens Halt geben und Hilfe ermöglichen. Dazu gehört sicher auch die tiefe Religiosität, die in der Bevölkerung weit verbreitet ist. Durch die Geschichte bedingt, ist die Mehrheit der Bevölkerung katholisch, doch auch Kirchen wie die Methodisten, Baptisten oder die Heilsarmee haben eine lange Tradition im Land. Dazu kommt eine Fülle von christlichen Gemeinschaften, die oft von Einzelpersonen gegründet werden und keine überregionale und konfessionelle Zugehörigkeit haben. Auch Gemeinden zu gründen, kann ein Geschäftsmodell sein. Nicht wenige Menschen praktizieren vermischt mit ihrem christlichen Glauben Voodoo-Rituale, die seit 2003 als offizielle Religion in Haiti anerkannt sind.

Familien, Gemeinschaften, Gemeinde und auch Nachbarschaften sind vielfach der soziale Raum, der den Menschen zum Überleben hilft. Dazu zählen auch die etwa drei Millionen Haitianer, die in der Diaspora leben und ihren Angehörigen zu Hause Geld überweisen. Dass Haiti nicht abgeschrieben und vergessen ist, sondern viele hilfsbereite Menschen zur Seite hat, zeigt die weltweite Solidarität nach dem 12. Januar 2010. Ihre Kraft haben viele Opfer des Bebens erfahren, gerade auch Kinder. Dazu hat auch die Kindernothilfe beigetragen und in allen Aktionen und Projekten die Kinder in die Mitte gestellt. „Wenn deine Welt zusammenbricht, brauchst du Freunde", danach wollten wir handeln und für Kinder da sein, gerade auch nach allem, was sie durch das Erdbeben erlebt und erlitten haben.

## ALS DIE ERDE BEBTE

Der kleine Ausweis macht den Unterschied deutlich. Jocelyn trägt ihn an einem Band um den Hals. Darauf stehen ihr Name, ihr Alter und als Ort *Sinéas*. Auf dem Foto ist sie gut zu erkennen. Die Rückseite zeigt das Logo der Kindernothilfe und gibt die Adresse der haitianischen Partnerorganisation AMURT an, die das große Kinderzentrum in Sinéas betreibt. Alle Kinder, die schon morgens um acht ungeduldig vor dem Tor warten, haben solch einen Ausweis. Jocelyn ist stolz darauf und hütet ihn gut. Er öffnet ihr die Tür zu einem geschützten Raum. Dort kann sie spielen und lernen. Mittags erhält sie mit den anderen Kindern ein warmes Essen. Wenn sie sich krank fühlt, gibt es Hilfe, vor allem dann, wenn die Erinnerungen an das dumpfe Grollen aus der Erde kommen, was alle *Goudougoudou* nennen. Sie hört die Schreie wie am Abend des Bebens, sieht das Haus einstürzen und fühlt, wie der Boden unter ihren Füßen schwankt. Wenn sie die Erinnerung einholt, sind Menschen da, die auf sie achten. Plötzlich können Zittern und Angst wiederkommen. Wie gelähmt ist sie in diesem Moment, anders als damals, als sie mit ihrer Mutter und den zwei Brüdern aus dem Haus rannte. Das schwere Erdbeben, das Haiti an diesem Tag um 17.53 Uhr erschütterte, dauerte 53 Sekunden. Unheimlich war die kurze Stille unmittelbar danach und dann die tausendfachen Schreie und Klagen aus den berstenden Häusern. Riesige Staubwolken erfüllten die Luft und legten sich wie ein Todesschleier über Port-au-Prince.

Weit oberhalb der Stadt an den steilen Berghängen liegt aus kolonialer Zeit das Fort Jacques. Von dort hat man einen weiten Blick über die Stadt und hinaus aufs Meer. Paul, ein Junge von dreizehn Jahren, verdiente sich an diesem Nachmittag ein paar *Gourdes*, als er zwei Franzosen durch die Ruinen des Forts führte. Monate später war er mein Guide. Auf meine Frage, wie er das Erdbeben erlebt habe, holen seine Worte das Erlebte so nah heran, als sei alles erst gestern geschehen. „Wir standen auf dieser Mauer. Von hier hat man den besten Blick über die Stadt und auf das Meer. Ich erzählte gerade, dass man früher von hier schon die feindlichen Schiffe sehen konnte und es Kanonen gab, sie zu versenken. Plötzlich schwankte die Mauer so stark, dass wir uns nicht mehr halten konnten und nach vorne in den Abgrund stürzten. Unsere Rettung waren die Bäume und das Gebüsch gleich unterhalb der Mauer. Sie bremsten unseren Sturz und fingen uns auf. Wir waren wie benommen. Doch außer ein paar Schürfwunden und Prellungen hatten wir keine Verletzungen. Wir liefen von der Mauer fort, schlugen einen Bogen und wagten uns, als alles ruhig blieb, wieder dahin. Die Mauer hatte standgehalten. Wir schauten hinunter zur Stadt und sahen überall weiße Wolken aufsteigen. Feuerqualm konnte es nicht sein, wie wir zuerst vermuteten. Dann war uns klar, dass die Erde gebebt hatte und etwas Schreckliches passiert sein musste. Wir lebten und sahen auf die Stadt, den Hafen und Flughafen und konnten nicht ahnen, dass in diesen Sekunden 230.000 Menschen den Tod gefunden hatten."

Paul war glimpflich davongekommen. Doch auch sein bisheriges Leben war mit einem Schlag anders geworden. Die Schule blieb geschlossen. Die Eltern konnten die Bohnen und den Kohl von ihrem Feld nicht mehr zum Markt nach Port-au-Prince bringen. Straßen waren zerstört und Trümmer versperrten den Weg. Immer mehr Menschen flohen in die höher gelegenen Regionen, um Schutz und Hilfe zu suchen. Der Schrecken stand ihnen ins Gesicht geschrieben. Keiner wusste, wie es weitergehen würde, und jeder Tag war ein Kampf ums Überleben.

Jocelyn hatte damals mit ihren Geschwistern und der Mutter schon mehrere Tage und Nächte auf der Straße vor ihrem Haus ausgeharrt, so wie alle anderen Nachbarn auch. Immer wieder gab es Nachbeben. Das Dach war eingestürzt und tiefe Risse zogen sich durch die Wände. Doch das zerborstene Haus war nicht ihre größte Sorge. Seit dem Abend fehlte jede Nachricht von ihrem Vater. Wie jeden Morgen war er auch am 12. Januar zu seinem Marktstand gelaufen, unten in der Altstadt von Port-au-Prince, ganz in der Nähe der Kathedrale. Auch sie war eine Ruine, wie viele der Gebäude dort. Hier hatte das Erdbeben besonders verheerend gewirkt. Am Tag danach hatte sich die Mutter aufgemacht, den Vater zu suchen. Vor den Schutt- und Trümmerbergen in der Innenstadt hatte sie tiefe Verzweiflung ergriffen. Irgendwo da war der Marktstand gewesen. Genau war das nicht mehr auszumachen. Sie traf andere Frauen und Männer, die auf der Suche nach ihren Angehörigen waren. Hoffnung flackerte auf, wenn jemand lebend aus den Trümmern geborgen werden konnte.

Mit bloßen Händen gruben Menschen nach den Verschütteten. Unter Einsatz ihres eigenen Lebens wagten sie sich in die Trümmer vor. Sie horchten auf die Schreie aus dem Inneren der zerstörten Gebäude. Es gab kein schweres Gerät, das man hätte einsetzen können. Die Geschichte dieser Helfer ist noch nicht geschrieben. Sie lebten die Mitmenschlichkeit, die es in Haiti immer gab, die aber von den Geschichten der Gewalt, der Korruption und der Armut erdrückt werden. Durch diese Brille hatte man über lange Zeit auf Haiti geschaut und die Kraft der Armen nicht wahrgenommen. Sie hatten schon so viele schlimme Erfahrungen durchlebt, die im täglichen Kampf ums Überleben ihren Lebenswillen gestärkt hatten. Im Wettlauf gegen die Zeit mussten die Retter erleben, wie die Rufe um Hilfe schwächer wurden und verstummten. Der Verwesungsgeruch der Leichen, oft zu mehreren auf den Straßen gestapelt oder unerreichbar unter den Trümmern, machte das Atmen schwer. Wenn keine Hilfe mehr möglich ist, liegen Ohnmacht und Wut ganz nahe zusammen. Manche litten still vor sich hin, andere schrien ihr Leid heraus. Die tausendfachen Gebete schienen den Himmel durch die bleierne Hülle aus Staub nicht mehr zu erreichen. Doch es gab kaum einen, der nicht auf seine Weise betete und flehte, dass die Apokalypse ein Ende haben möge. Manche dankten, weil sie mit dem Leben davongekommen waren. Ein tausendfaches Warum wurde zum Himmel geschickt und dennoch riefen die Menschen Gott in ihrer Verzweiflung an. Andere blieben berechnend und nutzten das Chaos, um zu plündern. Gerüchte über die Ursachen des Bebens kursierten. Wo die einen den Jüngsten Tag gekommen sahen, behaupteten andere, dass die amerikanische Marine im Meer Bomben gezündet hätte, um Haiti zu vernichten. Es war schwer, verlässliche Informationen zu erhalten.

Damit hatte auch Jocelyns Mutter zu kämpfen. Einige vermuteten, ihren Mann gesehen zu haben. Andere waren sich sicher, dass er unter den Trümmern begraben sei. Sie hat nie ein Lebenszeichen erhalten, kein Erinnerungsstück mehr gefunden. Trostlos war alles, was Jocelyns Mutter sah und hörte. Sie hörte von entführten Kindern und vermeintlichen Helfern, die die Not der Menschen ausnutzten und im Schutz der desolaten Lage ihr Unwesen trieben. Das Beben hatte das Tor des nahe gelegenen Gefängnisses gesprengt und Mauern zum Einsturz gebracht. Etwa 4.000 Häftlinge konnten fliehen. Das war ein zusätzlicher Horror für viele Überlebende. Rechtsunsicherheit prägte seit langem das Leben der Armen. Doch in diesem Chaos drohte nun völlige Gesetzlosigkeit. Mit der Flucht der Häftlinge kam die Angst hoch, dass die kriminelle Gewalt anwachsen werde, sich Banden bilden würden, die das politische Vakuum ausnutzen und zusätzliches Leid über die Menschen bringen würden. Die Trauer um ihren vermissten Mann und die Angst um ihre Kinder trieb Jocelyns Mutter zurück. Ihre Kinder waren noch da. Nachbarn hatten ihnen etwas zum Essen gegeben. Mit dem Mut der Verzweiflung traute sich die Mutter in die Ruine ihres Hauses. Etwas Kleidung, Töpfe und ein paar Vorräte konnte sie noch bergen. Mit einem Bündel auf dem Rücken und den kleineren Kindern an der Hand gingen Jocelyn und ihre Mutter über Trümmer und Geröll den steilen Abhang herunter, an dem bis dahin die ärmlichen Behausungen und Hütten wie angeklebt gestanden hatten. Mit vielen anderen obdachlosen Familien waren sie unterwegs zu einem großen Platz. Irgendwie waren Informationen durchgesickert, dass dort ein Notlager errichtet werden sollte.

Es hieß, der Eigentümer des Geländes hätte es dem Bürgermeister des Stadtteils Delmas zur Verfügung gestellt. Von ihm wurde erzählt, dass er ein zupackender Mann sei und alles tun würde, um für etwa 20.000 Menschen provisorische Unterkünfte in Zelten bereitzustellen. Als die Mutter mit ihren Kindern dort ankommt, ist noch kein Zelt zu sehen. Unter Planen, Pappen, Blechen und Holz bauen sich die Obdachlosen kleine Verschläge, um Schutz zu finden und das Gefühl zu haben, bleiben können. Es fehlt an allem. Wasser muss von weither geholt werden. Jeder muss für sein Essen sorgen und wer verletzt ist, kann nur notdürftig versorgt werden. Ihre größte Sorge gilt den Kindern. Die Mutter hat ihre Ohren überall. Es ist schwer, Gerüchte von sicheren Informationen zu unterschieden. Aber als sie hört, dass in der Nähe jeden Morgen Kinder zusammenkommen, junge Leute mit ihnen spielen und sprechen und es mittags ein warmes Essen gibt, geht sie mit Jocelyn dahin. Ihr anfängliches Misstrauen schwindet, als sie spürt, wie gut ihrer Tochter diese Gemeinschaft tut. Das war der Anfang. Bald kamen auch die Zelte vom französischen Roten Kreuz. Auch für Jocelyns Familie war eines dabei. Die Zelte standen dicht an dicht. Jemand leitete dazu an, kleine Drainagekanäle auszuheben, um für die Regenzeit gewappnet zu sein. Große Wassertanks wurden installiert und auch Toiletten. Trotz aller Enge begann ein „normales" Leben im Ausnahmezustand. Haitianer sind Überlebenskünstler. Das stellten viele von ihnen auch in dieser widrigen Lage unter Beweis. Wer immer es konnte, bot seine Dienste an. So firmierte manches Zelt als Frisörsalon, als Fahrradwerkstatt oder Kiosk. Ganz allmählich übertrug sich die Infrastruktur der Slums, aus denen die Menschen kamen, in die Lager der Zeltstädte. Auf einem Zelt stand *„Palais de Jezi"* – Palast Jesu. Hier trafen sich Menschen zu Gottesdienst und Gebet. Ein Lagerkomitee regelte im Sinne der Selbstverwaltung Alltagsprobleme und sorgte für die öffentliche Sicherheit. Dazu trugen besonders später auch die solarbetriebenen Straßenlaternen bei, die Mädchen und Frauen nach einigen bekannt gewordenen

Vergewaltigungen mehr Sicherheit in dem engen Gewirr zwischen den Zelten gaben. Auch Trillerpfeifen, die an alle verteilt worden waren, gaben einen zusätzlichen Schutz. Ein Lager in dieser drangvollen Enge und hohen Anzahl an Bewohnern ist immer ein gefährdeter und gefährlicher Ort. Sinéas zeigte, dass trotz aller prekären Bedingungen und Einschränkungen ein Lager kein Abstellplatz bleiben muss, sondern ein Lebensraum werden kann.

## DAS KINDERZENTRUM SINÉAS – EINE INSEL DER HOFFNUNG

Eine große Fläche am Rand blieb frei für das Kinderzentrum mit stabilen Gebäuden aus Holz und Planen, einem Sportfeld und Garten mit Kompost, einer Küche und Biotoiletten. Viele Menschen halfen mit, das Gelände vorzubereiten und die Gebäude zu errichten. Vor allem bewachten sie es Tag und Nacht, um Besetzungen zu verhindern. Kein Notlager in Haiti hatte ein so breites und räumlich großzügiges Angebot für Kinder nach dem Beben wie Sinéas. In zwei Schichten konnten hier 1.850 Kinder zusammenkommen und in umfassender Weise betreut werden. Jocelyn konnte jeden Tag sehen, wie das Gelände sich immer mehr in ein kinderfreundliches Areal verwandelte. Sie wartete schon ungeduldig auf den Tag der Eröffnung. Im April war es dann soweit. Von ihrem provisorischen Platz konnten die Kinder umziehen. Die offizielle Eröffnung fand am 1. Mai statt, eine Feier mitten in der Not, doch voller Hoffnung auf eine bessere Zukunft.

Das pädagogische und psychologische Angebot war für die Kinder ein Segen. Im Wechsel von Spielen und Lernen, von Musik und Sport, von Zuhören und Erzählen, von stiller Beschäftigung und gemeinschaftlichen Aktionen fanden die Kinder Wege, mit den Traumata zu leben und sie zu verarbeiten. „Diese Kinder sind verstört", sagte Samedi, der als Psychologe die Kinder betreute. „Es kann immer wieder zu Wutausbrüchen oder auch Gewalt gegenüber anderen Kindern kommen. Denn sie wissen nicht, wie sie mit den furchtbaren Erlebnissen des Erdbebens umgehen sollen." Es wird viel Zeit und Geduld brauchen, um die seelischen Wunden zu heilen. Heilsam waren für die Kinder auch die Stunden im Garten. Für fast alle waren Pflanzen und Erde eine neue Erfahrung. Guten Mutterboden hatte man von außen herbeigeschafft und mit ihm Beete angelegt oder ihn in Autoreifen oder Tonnen gefüllt. Unter Anleitung eines Fachmanns hatten die Kinder begonnen, Tomaten und Gemüse zu pflanzen und lernten, den Garten zu pflegen. Das Beispiel machte Schule. Wo immer im Lager ein Eckchen frei war, legten die Menschen, oft angeregt durch ihre Kinder, in Autoreifen kleine Gemüsebeete an. Nach einigen Wochen konnte schon das erste Gemüse geerntet werden, das den Speiseplan der Kinder bereicherte. Das Kinderzentrum in Sinéas setzte Maßstäbe für die insgesamt 20 Zentren, die Kindernothilfe nach dem Beben an verschiedenen Orten eingerichtet hatte. Auch darüber hinaus entwickelte es sich zu einem Vorzeigeprojekt.

In diesen Monaten kamen immer wieder prominente Personen nach Haiti und besuchten das Kinderzentrum, um sich ein Bild über die humanitäre Hilfe zu machen und um das Projekt durch ihre Bekanntheit zu unterstützen. Dazu gehörten Königin Silvia von Schweden, der damalige Minister für wirtschaftliche Zusammenarbeit, Dirk Niebel, die Vorsitzende des Bundestagsausschusses für wirtschaftliche Zusammenarbeit, Dagmar Wöhrl, und der Fußballtrainer Felix Magath, der als Botschafter von „Ein Herz für Kinder" gekommen war. Er sprach und kickte mit den Kindern. Überzeugt vom Konzept sagte er zum Abschied: „Eure Arbeit hier ist ganz ähnlich wie meine. Ihr müsst erreichen, dass die Menschen selbst etwas für sich tun, sich in eigener Sache engagieren, an sich glauben – auch ein Fußballtrainer schießt nicht selbst die Tore, sondern muss seine Spieler davon überzeugen, dass sie in der Lage sind, über sich hinauszuwachsen." In einer Fernsehsendung im Dezember 2010 hat Felix Magath für die Arbeit der Kindernothilfe geworben. Dem Klang seiner Worte merkte man an, dass die Erlebnisse und die Stimmen der Kinder in ihm noch ganz lebendig waren.

## VOM SCHOCK DES ERSTEN TAGS

Als am 13. Januar der Tag begann, zeigte sich für die Überlebenden in Haiti das Ausmaß der Zerstörung immer drastischer. Ganze Straßenzüge waren zerstört, aber nur eine Kreuzung weiter standen die Menschen vor ihren Häusern, die das Beben überstanden hatten. Kaum einer traute sich hinein. Den ganzen Tag über und auch in den Tagen danach erschütterten Nachbeben die Stadt und die Region. Der Staub drang in alle Poren und machte das Atmen schwer. Die Zunge klebte am Gaumen und jeder Schluck Wasser war kostbar. Hart getroffen war auch das Regierungsviertel. Der imposante Präsidentenpalast von 1921 am *Champs de Mars*, Symbol der Unabhängigkeit und Freiheit der ehemaligen Sklavenkolonie, war in sich zusammengebrochen und die Kuppeln hingen schief auf den eingestürzten Wänden. Viele Ministerien ringsherum und andere staatliche Einrichtungen waren ein Trümmerfeld. Auch wenn der Präsident und viele Regierungsmitglieder das Beben überlebt hatten, fehlten politische und administrative Voraussetzungen, die Hilfsmaßnahmen in dieser Großkatastrophe einigermaßen zu steuern. Der Präsident der Republik blieb stumm. Kein Trost, kein Zuspruch erreichte die Menschen. Nicht wenige Überlebende fühlten sich in diesen Tagen von Gott und den Mächtigen des Landes verlassen. Eine Woche brauchte der Präsident, bis er den nationalen Notstand ausrief und ihn zugleich auf 18 Monate ausdehnte. Eine Maßnahme, um die für den Herbst 2010 angesetzten Wahlen aussetzen und seine Präsidentschaft verlängern zu können. Tragisch war auch der Tod von mehr als

200 UNO-Angestellten der UN-Mission für die Stabilisierung in Haiti (MINUSTAH), darunter auch den beiden Repräsentanten Hédi Annabi und Luiz Carlos da Costa. Das erschwerte die Koordination der Hilfsmaßnahmen gerade in dieser schwierigen Anfangsphase.

Der Not der Menschen entgegenzutreten und das politische wie administrative Vakuum zu füllen, sah die Regierung der USA als ihre unmittelbare Aufgabe an. Wie gerufen, aber ohne von der Regierung gerufen zu sein, landeten bereits am 13. Januar erste Truppenkontingente auf dem Flughafen von Port-au-Prince, dessen Landebahn vom Erdbeben weitgehend verschont geblieben war. Sie übernahmen die Kontrolle an den wichtigsten strategischen Orten. Ein Trägerschiff mit Helikoptern ankerte in der Bucht, um Verletzte aufzunehmen. Mit den Militärs kamen Hilfsgüter ins Land, die an die Menschen verteilt werden konnten. Hilfsgüter an Land zu bringen, sie zu lagern und dann an Tausende von Menschen zu verteilen, wäre ohne Sicherheitskräfte nicht möglich gewesen. Dazu aber waren weder die haitianische Polizei noch die MINUSTAH in der Lage. Deshalb übernahmen die amerikanischen Soldaten diese Aufgabe. Es galt, Verteilungskämpfe und Plünderungen zu verhindern. Es bestand die Gefahr, dass Banden aus den Slums mit Gewalt große Kontingente erbeuten würden und die wirklich Hilfsbedürftigen leer ausgingen. Ziel der amerikanischen Intervention war es auch, in dieser fragilen Situation eine Fluchtwelle in die USA zu verhindern. Viele Haitianer haben in den USA Familienangehörige oder Freunde, zu denen sie hätten fliehen können. Für nicht US-amerikanische Hilfsorganisationen war es über Wochen hinweg praktisch unmöglich, auf dem Luftweg Hilfsgüter nach Port-au-Prince zu bringen, da die Kapazitäten des Flughafens ganz vom amerikanischen Militär in Beschlag genommen worden waren, die dort ihre logistische Infrastruktur aufbauten. Die schwer beschädigten Hafenanlagen konnten in wenigen Wochen durch die amerikanische Marine soweit in Stand gesetzt werden, dass Hilfsgüter auf dem Seeweg Haiti erreichten.

## WO BLEIBEN DIE TOTEN?

Angewiesen auf Hilfe von außen, um ihr Überleben zu sichern, müssen tausende haitianische Familien wie die von Jocelyn damit leben, dass sie in ihrer Trauer ruhelos blieben, weil sie keinen Ort haben, an dem sie ihre Toten beweinen können. Denn niemand weiß, wohin man sie brachte oder wo sie unter den Trümmern geblieben sind. Offiziell nennen die staatlichen Angaben 230.000 Tote. Genaue Angaben gibt es nicht. In Massengräbern wurden Tausende bestattet; andere wegen der Verwesungsgefahr verbrannt; nur wenige fanden ihre letzte Ruhe in einem persönlichen Grab. In der großen Hitze, in der Angst vor Seuchen und dem Chaos ringsherum konnte nur eine geringe Anzahl der Leichen identifiziert werden. Viele blieben unter den Trümmern und wurden im Lauf der Monate mit diesen abgeräumt. Das ist eine furchtbare Erfahrung in einer Kultur, in der die Toten eine besondere Aufmerksamkeit erfahren, in der die Riten des Abschieds und der Bestattung in den Familien und Gemeinden gepflegt werden und eine moralische Verpflichtung darstellen. Die traumatische Erfahrung, den Toten kein ehrendes Geleit geben zu können, lässt viele Haitianer bis heute nicht los. Da ist die Einsicht, dass es angesichts der vielen Leichen, der einsetzenden Verwesung und der schieren Unmöglichkeit, die Toten zu identifizieren, große Eile geboten war nur ein schwacher Trost. Zugleich musste nach der Zerstörung und Beschädigung von fast 300.000 Häusern das Überleben der etwa 1,5 Millionen Obdachlosen gesichert werden – 15 Prozent der haitianischen Bevölkerung. Etwa 1.300 Schulen und 50 Krankenhäuser und Gesundheitszentren waren zerstört. Eine große Zahl von Verletzten konnten nur notdürftig versorgt werden. Um Leben zu retten, musste auch amputiert werden, wenn Wundbrand die Gliedmaßen schon zerstört hatte. Über 10.000 Menschen mit Behinderungen sind seither auf Geh- oder Greifhilfen angewiesen. Man schätzt, dass eine halbe Millionen Menschen Zuflucht in den ländlichen Regionen gesucht hat. Jede Stunde nach dem

Beben war ein Kampf um das nackte Überleben. Die Zahlen verdeutlichen die nationale Dimension der Tragödie und den Schmerz von Millionen Menschen. Dahinter steht das persönliche Leid, steht auch die Trauer und die Existenzangst von Jocelyn, ihren Brüdern und der Mutter. Jemand sagte mir nach dem Beben, dass es sehr schwer sei, die Aufmerksamkeit auf die Schicksale von Einzelnen zu lenken, wo sich doch das ganze Land selbst verloren habe. Doch das Land wird erst wieder zu sich selbst finden, wenn das gemeinsame Schicksal auch im persönlichen Leid wahrgenommen wird. Wenn Erwachsene und Kinder dem Leben wieder vertrauen lernen, wird in ihnen die Kraft wachsen, ihr Leben wieder in die Hand zu nehmen, ihr Haus und auch ihr Land wieder aufzubauen.

## HELFEN KANN MAN NUR GEMEINSAM

Vor allem Kinder zu stärken, ist das Ziel der Programme und Projekte der Kindernothilfe insgesamt und gerade auch in Haiti. Seit mehr als 35 Jahren fördert Kindernothilfe durch einheimische Partnerorganisationen Projekte in Haiti. Dabei steht das Recht der Kinder auf Bildung im Zentrum. An diesem Ziel hatte am 12. Januar 2010 das kleine Team im Büro der Kindernothilfe in Port-au-Prince gearbeitet. Nach den Weihnachtsferien hatten sie das Jahr mit viel Optimismus begonnen. Die neuen Projekte mit Dorfschulen in den abgelegenen Bergregionen westlich der Hauptstadt entwickelten sich gut. Es war kurz vor Feierabend an diesem Dienstag, als das Beben den Direktor von Kindernothilfe-Haiti Alinx Jean Baptiste und den Finanzverantwortlichen Pepito Laventure an ihren Schreibtischen traf. Das Büro bestand aus zwei Räumen auf dem Flachdach eines dreigeschossigen Hauses. Die beiden sprangen auf und liefen zur Außentreppe, als hinter ihnen die Decke des Büros einzustürzen drohte, Regale umstürzten und eine Mauer aufriss. Viele Male haben sie mir die Geschichte erzählt, wie sie um ihr Leben rannten. Sie hatten nur noch den einen Wunsch, nach Hause zu kommen. Denn alle Versuche zu telefonieren schlugen fehl. Das bis dahin allgegenwärtige Handy stellte keine Verbindung mehr her. In der Nacht erreichten sie durch die zerstörte Stadt nach bangen Stunden ihr Zuhause. Gott sei Dank lebten die Familien.

Wo immer auf der Welt etwas Schreckliches geschieht, bleibt es dank der modernen Kommunikationsmöglichkeiten nicht verborgen. Am späten Abend des 12. Januar erreichten die ersten Nachrichten vom Beben Mitarbeiter der Kindernothilfe in Duisburg. Sie telefonierten untereinander und versuchten, mit dem Büro in Haiti in Kontakt zu kommen. Doch die Leitung blieb tot. So war es auch am nächsten Morgen und den ganzen Tag hindurch. Ein Krisenstab mit Mitarbeiterinnen und Mitarbeitern der verschiedenen Referate beriet die Situation. Allen war klar, dass hier eine Riesenaufgabe auf uns zukommen würde. Wir stellten zunächst 50.000 Euro, wenige Stunden später das Doppelte für erste Hilfsmaßnahmen bereit. Jürgen Schübelin, Referatsleiter für Lateinamerika und die Karibik, war bereit, mit einem weiteren in der humanitären Hilfe erfahrenen Kollegen nach Haiti aufzubrechen. Die auf medizinische Hilfe in Katastrophensituationen spezialisierte Hilfsorganisation „humedica" nahm mit uns Kontakt auf. Wir beschlossen, dass das Team versuchen sollte, gemeinsam über die Dominikanische Republik auf dem Landweg nach Haiti zu gelangen. Dort sollten Hilfsgüter gekauft und ein LKW gemietet werden. So sorgfältig von Deutschland aus die Planungen vorangetrieben wurden, so waren sie ganz stark von der Sorge um unsere haitianischen Kollegen begleitet, von denen wir den ganzen Mittwoch über kein Lebenszeichen erhalten hatten.

Die Erlösung kam per E-Mail am Donnerstagmorgen. Alinx schrieb, dass er und die anderen Kollegen überlebt hätten. Am Nachmittag rief er uns über das Satellitentelefon der Deutschen Botschaft an. Er redete sich von der Seele, was er erlebt und gesehen hatte. Wir konnten Vereinbarungen treffen und ihm grünes Licht geben, unmittelbar mit Hilfsaktionen zu beginnen. Auch sollte er, wo immer es möglich war, sich nach den Kindern in den Projekten erkundigen. Er war erleichtert, als er erfuhr, dass Kollegen aus Duisburg schon auf dem Weg nach Port-au-Prince waren. In der Geschäftsstelle in Duisburg verstärkten wir die Telefonpräsenz. Immer mehr Paten und Spender riefen an, wollten Informationen und boten ihre Hilfe an. Was in Haiti geschehen war, erschütterte viele Menschen und weckte eine große Hilfsbereitschaft. Schon in den ersten Wochen nach dem Beben zeichnete sich bei Kindernothilfe eine hohe Spendenbereitschaft ab. Das war ein großer Vertrauensbeweis in unsere bisherige Katastrophenhilfe und im Blick auf die jahrelangen Kontakte nach Haiti. Wir wussten sehr bald nach dem Beben, wo unsere Hilfe anzusetzen hatte und mit wem wir zusammenarbeiten würden.

Doch wichtig war, in Duisburg und Port-au-Prince zwei Teams aufzubauen, die diese Aufgabe gemeinsam anpacken sollten. Im Büro in Duisburg konnte schnell ein Team mit den für Haiti zuständigen Mitarbeiterinnen und Mitarbeitern gefunden und um zwei weitere Kolleginnen ergänzt werden. Ihnen arbeiteten andere im Haus zu, sodass die Planung der Hilfe und Projekte, wie auch die Begleitung der Spender und der Presse- und Öffentlichkeitsarbeit in der Hand dieser Arbeitsgruppe lagen. Sie war dem Vorstand direkt zugeordnet. Jürgen Schübelin blieb über zehn Monate hindurch in Port-au-Prince, um das kleine Team dort zu unterstützen, neue Kollegen und Kolleginnen mit den erforderlichen Kompetenzen einzuarbeiten und Journalisten und Politiker zu begleiten. Das war nicht immer einfach. So entschlossen wir uns, insgesamt in zeitlichen Abständen drei weitere Mitarbeiterinnen aus Deutschland nach Haiti zu entsenden, um das Team dort in der Projektarbeit und der für die deutsche Öffentlichkeit so wichtigen Kommunikation zu unterstützen. Das bisherige Büro in Port-au-Prince war einsturzgefährdet und konnte nicht benutzt werden. Alles fand zunächst provisorisch statt, bis ein neues Büro gefunden und nach etwa drei Monaten bezogen werden konnte. Auch die Bankverbindung funktionierte nur provisorisch. Jeder Weg zur Bank fand unter Sicherheitsprüfungen statt. Denn immer wieder kam es bei anderen Organisationen oder Privatpersonen zu Überfällen, manchmal mit tödlichem Ausgang.

Da es in Port-au-Prince mit Ausnahme der Gemeinschaftstaxen, *Tap-Tap* genannt, keine öffentlichen Verkehrsmittel gibt, war die Anschaffung eines zweiten Autos erforderlich. Mit sehr viel Mühe hatte das Team einen Toyata Pickup mit Allradantrieb kaufen können. Doch die Freude währte nicht lange. Auf dem Weg nach Hause wurde der Direktor von Kindernothilfe Haiti am 25. April 2010 kurz nach 18 Uhr überfallen. Vier Gangster zwangen ihn mit vorgehaltener Pistole, das Fahrzeug mit allen Papieren herauszugeben. Das war ein schwerer Rückschlag gerade in der Phase, als die Arbeitsbelastung besonders hoch war. Da die Gangster mit dem Raub der persönlichen Papiere nun den Wohnort des Direktors kannten wie auch seine berufliche Stellung einschließlich seiner Kontakte nach Deutschland, war das Risiko, in seinem Haus zu bleiben, zu groß. Eine zusätzliche Belastung in dem ohnehin schon riesigen Stress. Das Auto blieb verschwunden und alle polizeilichen Ermittlungen kosteten viel Zeit und verliefen im Sande. Dennoch ging die Arbeit weiter. Auch wenn die Nerven manchmal blank lagen, sich die einen von den anderen überfordert, nicht ausreichend informiert oder vor vollendete Tatsachen gestellt fühlten, blieb das Team zusammen und schuf über die Jahre hinweg für Tausende Kinder eine neue Lebensperspektive.

## HAITI MIT HAITIANERN AUFBAUEN

Die akute Hilfe nach dem Beben hatte von Anfang an den dauerhaften und nachhaltigen Wiederaufbau im Blick. Der schnelle Erfolg war nicht unser Ziel, sondern die Bereitschaft, mit langem Atem die Arbeit unter dem Motto voranzubringen:

„Haiti mit Haitianern aufbauen". Dies erwies sich nicht immer als leicht. Denn in den ersten Wochen nach dem Beben strömten viele Organisationen ins Land, die dort zuvor nicht gearbeitet hatten, nun aber mit ihren Spenden den Menschen helfen wollten. Das erweckte auf Seiten mancher Haitianer Begehrlichkeiten, schnell an Geld zu kommen, sei es, sich als „Experte" in den Dienst dieser Organisationen nehmen zu lassen, sei es, mit Familienangehörigen oder Freunden eine sogenannte Nichtregierungsorganisation zu gründen mit dem Vorwand, schon lange in der Entwicklungsarbeit Haitis tätig zu sein. Auch unser Team musste hier und da „Lehrgeld" zahlen, wenn sich bei neuen Mitarbeitern herausstellte, dass die angegebene Fachkompetenz gar nicht vorhanden war oder der eigene Vorteil im Vordergrund stand. Da war es gut, mit Alinx Jean-Baptiste und Jürgen Schübelin erfahrene Steuerleute zu haben.

Hilfe, die von außen kommt und wegen mangelnder Kontakte zu den Menschen außen vor bleibt, geht an den Bedürfnissen der Betroffenen vorbei. Weil man zu wissen glaubt, was gut und hilfreich ist, werden die Betroffenen nicht in Planungen einbezogen. So hat sich auch in Haiti gezeigt, dass es nach der Katastrophe die Katastrophe der Hilfe geben kann, wenn diese einfach über die Menschen hereinschwappt. „Hilfe, die Helfer kommen", ist ein geflügeltes Wort. Wo ganz am Anfang die Menschen mit bloßen Händen jeden und alles retteten, wurde in den Monaten nach dem 12. Januar die Präsenz der Helfer zu einem sichtbaren Kontrast. Auf den Straßen war die Flotte der schweren Pick-ups und der allradgetriebenen Geländewagen besonders auffällig. Mit den Emblemen ihrer Organisation ausgewiesen, oft mit großen Funkantennen auf dem Dach und von einheimischen Fahrern gesteuert, fuhren die Helfer durch die Stadt und zu ihren Einsätzen. Genau so auffällig war der nie endende Strom der Menschen, die auf den Straßen zu Fuß unterwegs waren, sich in die *Tap-Taps* zwängten oder zu dritt oder viert auf einem Motorrad saßen. Auch wir hätten ohne solche Autos unsere Arbeit nicht tun können. Doch wir reflektierten immer wieder die Situation und nutzten die Fahrzeuge für den ihnen zugedachten Zweck. Und der war der Transport und nicht das Statussymbol, schon gar nicht Ausdruck der Überlegenheit oder des Besserwissens. Für unseren Einsatz gilt der sogenannte *„do no harm"*-Ansatz. Das bedeutet, so umsichtig zu arbeiten, dass durch die Hilfsmaßnahmen kein weiterer Schaden in einer sensiblen und an sich schon gefährdeten Situation entsteht. Dazu ist es wichtig, genau abzuwägen, welche Hilfe wirklich die Selbsthilfekräfte der Menschen unterstützt und fördert oder wo die Grenze überschritten ist, wenn Hilfe zu Abhängigkeiten führt oder ihre Angebote neue Konflikte unter den Betroffenen schüren.

## DIE SCHULE DER KLEINEN SCHWESTERN

Die Projekte in den Bergen wurden von einer Partnerorganisation koordiniert, die mit dem Orden der *Kleinen Schwestern St. Thérèse* verbunden sind. Auf einem steilen Hügel über *Carrefour*, der Zwillingsstadt von Port-au-Prince, und dem Tal des *Rivière Froide*, liegen die Gebäude des Ordens, unter ihnen die Schule „Saint Francois de Sales", ausgelegt für 1.200 Kinder von der Vorschule bis zum Abitur. Nach unendlichen Mühen erreichte unser Team acht Tage nach dem Beben über zerstörte Wege und Trümmer die Schwestern. Niemand war bisher zu ihnen durchgedrungen. Sie saßen auf den Mauerresten ihrer Schule. Es fehlte ihnen an allem, besonders an Wasser. Aber das schlimmste für sie war, unter den Trümmern 150 Kinder, Lehrer und auch Schwestern begraben zu wissen. Als die Erde bebte, hielten sie sich in den Klassenräumen auf. Sie hatten keine Chance zu entkommen. Nur etwa 20 konnten tot aus den Trümmern geborgen werden. Verzweiflung griff um sich. In den Schmerz um die Toten mischte sich immer stärker die Ohnmacht, nicht helfen zu können. Die Toten nicht ihren Familien übergeben und sie bestatten zu können, erfüllte die Schwestern mit tiefer Trauer.

So gut es ging, teilte unser Team ihren Schmerz. Immer wieder kamen sie in den Tagen darauf zu ihnen, brachten Wasser und Lebensmittel mit, versorgten Verletzte in einer provisorischen Krankenstation in *Carrefour* und machten ihnen Mut, sich trotz aller Trauer um die Kinder zu kümmern. Viele waren sich selbst überlassen, weil die Eltern selbst ums Überleben kämpften. So entstand auch hier ein provisorisches Kinderzentrum mit ähnlichen Angeboten und Hilfen wie in Sinéas. Schnell fassten die Kinder Vertrauen und ein erstes Lachen und kindliche Freude kehrten zurück. Doch oben am Berg lag die Schule noch in Trümmern.

Wieder eine Schule zu haben, war der gemeinsame Wunsch der Eltern, Kinder und Schwestern. Platz, um an einer ganz anderen Stelle, eine Schule zu errichten gab es nicht. Es brauchte Zeit und viele behutsame Gespräche, bis die Schwestern und Eltern einwilligten, die Trümmer abzuräumen. Die Masse der Trümmer war viel zu groß und zu schwer, um sie mit Hacken und Schubkarren wegzuschaffen, wie es anfangs geplant war. Die Zeit ging ins Land. Aber was in 53 Sekunden zerstört wurde, kann nicht nur an der Oberfläche repariert werden. Da kamen zwei Überlegungen zusammen, die es möglich machten, die Zukunft in den Blick zu nehmen. Zum einen konnte Kindernothilfe zwei chilenische Architekten gewinnen, einen Entwurf für eine neue Schule anzufertigen. Sie sind Experten für erdbebensicheres Bauen. Sehr sorgfältig gingen die chilenischen Kollegen ans Werk. Sie untersuchten den Boden auf seine Standfestigkeit, vermaßen das Gelände, sprachen mit den Schwestern, Eltern und Kindern, um ihre Vorstellungen von einer neuen Schule kennenzulernen und zeichneten schließlich ein Modell, das sie plastisch in einer Computeranimation vorstellen konnten. Das Konzept und vor allem die einfühlsame Präsentation der Architekten überzeugten. Vor den Augen der Schwestern entstand ein Bild der Zukunft, an das sie in diesen Tagen nur mit Mühe glauben konnten. Umso mehr aber hofften sie mit den Kindern und für sie. Für die Schwestern Gisèle und

Evanette war es zum anderen der Kampf des Glaubens gegen die Macht der Resignation, als sie im entscheidenden Moment sagten: „Dieses Projekt ist wie ein Zeichen dafür, dass es nach jeder Nacht einen Morgen gibt und Gott nicht will, dass die Arbeit mit den Kindern aus Rivière Froide unter diesen Ruinen ein Ende gefunden hat."

Daher plante unser Team mit den Schwestern, eine Gedenkstätte für die Opfer des Erdbebens etwas unterhalb der alten Schule anzulegen und diese durch einen Gottesdienst einzuweihen. So wurde aus dem Abschied ein Neubeginn. Das Abräumen der Trümmer mit schwerem Gerät wurde möglich und brauchte doch seine Zeit. Nur die Steine und der Beton sollten als Abraum in eine nahe Schlucht gekippt werden. Zuvor aber sollte alles Eisen herausgeklaubt und gesammelt werden. Einen Teil sicherten sich die Schwestern zum Verkauf, einen anderen Eltern und Anwohner. Das war hier wie überall in der Stadt. Da saßen Menschen mit Hammer und Meißel auf den Trümmern, um an das Eisen heranzukommen. Händler im Hafen kauften den Schrott und verluden ihn auf Schiffe. Schrott war das wichtigste Exportgut dieser Monate. Die Trümmer sicherten vielen den Lebensunterhalt. Es war der Beharrlichkeit unseres Teams zu verdanken, auf dem frei geräumten Gelände eine Notschule in Zelten und sechs Klassenräumen in Leichtbauweise einzurichten. So konnte nebenan, und doch vom Schulbetrieb getrennt, der Neubau beginnen.

Die provisorischen Klassenräume waren fertig, doch noch fehlten die Schulbänke. Nur wenige konnten aus den Trümmern geborgen und repariert werden. Da kam eine Idee zur Hilfe, die man in das Lehrbuch der Entwicklungsarbeit schreiben könnte. Weit im Südwesten Haitis, in Port à Piment arbeitet seit Jahren ein Ehepaar aus Deutschland in der Berufsausbildung haitianischer Jugendlicher. Dazu gehört auch die Ausbildung von Schreinern. Das Erdbeben hatte dort keine Schäden verursacht. Doch viele Menschen waren in diese Region geflohen. So kamen wir überein, dieser Ausbildungswerkstatt, mit der

Kindernothilfe durch einen Kooperationsvertrag verbunden ist, den Auftrag für 350 Schulbänke, Pulte und Stühle zu erteilen. Das nötige Holz konnte aus der Dominikanischen Republik importiert werden. Für die Jugendlichen war das der größte Auftrag in ihrer Ausbildungszeit. Er brachte der Werkstatt wie auch den Auszubildenden Einnahmen. Die Bänke wurden in der Werkstatt in Port à Piment vorgefertigt und dann als Bausätze nach Rivière Froide transportiert. Dort montierten die Jugendlichen mit dem Ausbildungsleiter eine Woche lang alle Bänke an Ort und Stelle. So wurden Spenden doppelt gut angelegt.

Als am 27. Februar 2010 ein schweres Erdbeben Chile erschütterte, glaubten die Schwestern, dass die chilenischen Architekten nicht mehr nach Haiti zurückkämen. Doch sie hielten Wort, kamen wieder und begleiteten in zeitlichen Abständen über vier Jahre hinweg die Baustelle. Was sie einst am Computer vorgestellt hatten, nahm auf der Baustelle immer mehr Gestalt an. Es waren enorme Hindernisse zu überwinden, die vor allem mit der Höhen- und Hanglage des Geländes zu tun hatten. Alles Baumaterial musste durch die engen Straßen von Carrefour herangebracht werden. Die LKW fuhren den Leuten auf den engen Wegen fast über die Füße, wenn sie vor ihren Hütten standen oder saßen. Der letzte Anstieg war mit 15 Prozent Steigung so steil, dass nur ein Einwegverkehr möglich war. Ein tödlicher Unfall auf der Baustelle unterbrach die Arbeit ebenso wie Streiks, schwere Unwetter in der Regenzeit oder Probleme mit dem Zoll bei der Einfuhr zum Beispiel von Trägerelementen für die Dächer. Manchmal war es ein zähes Ringen mit der Baufirma, der Bauaufsicht oder auch mit der Ordensleitung, wenn Bauabnahmen anstanden oder Änderungen erforderlich waren, wie beim Bau einer Zisterne. Die Schwestern wollten sie unter keinen Umständen an dem Platz haben, an dem einst das Haus ihres Ordensgründers gestanden hatte. Aber am Ende zahlten sich alle Geduld und aller Wille zur Zusammenarbeit aus. Am vierten Jahrestag des Bebens, am 12. Januar 2014, konnte die

Schule für jetzt 1.300 Kinder eingeweiht werden. Sie ist erdbebensicher, kinderfreundlich, barrierefrei, nach pädagogischen Gesichtspunkten angelegt, hat Rückzugsmöglichkeiten und neben den hellen und gut belüfteten Klassenräumen einen weiten Hof als Amphitheater für gemeinsame Veranstaltungen. Eine Küche mit Mensa, ein Computerraum sowie eine Bibliothek und ordentliche Sanitärräume gehören auch dazu. Und das alles mit einem weiten und traumhaften Blick auf das Meer. Er kenne in ganz Haiti keine Schule dieser Qualität, sagte der Bürgermeister von Carrefour bei der Einweihung.

## COLLÈGE VERENA – EINE SCHULE IN SCHWIERIGER LAGE

Schwer getroffen wurde auch das *Collège Verena* im Stadtteil *Delmas*. Von hier aus erstrecken sich große Slumgebiete in Richtung Hafen und Hügel hinauf zur Stadtmitte. Wo das Elend groß ist, ist die Heilsarmee zu finden. Das Collège Verena ist seit Jahrzehnten für tausende Kinder aus diesen Quartieren ein Ort der Hilfe und Hoffnung. Mit Patenschaften hat Kindernothilfe ihnen seit 1981 den Weg in eine bessere Zukunft geebnet. Das Beben richtete auch hier große Schäden an. Bis auf wenige Klassenräume war alles zusammengebrochen. Eingestürzt war auch die etwas davon entfernt liegende kleine Schule *Fort National*. Hier stand kein Stein mehr auf dem anderen. In beiden Schulen hatten Kinder und Lehrer wenige Minuten vor dem Beben die Klassenräume verlassen. In aller Demut sahen Eltern, Kinder und Lehrer darin ein Zeichen der Bewahrung und neuer Aufgaben. Viele obdachlose Menschen strömten auf das Gelände von Collège Verena. So gut es ging, wurden sie mit dem versorgt, was dort noch an Vorräten zu finden war. Die meisten fanden nebenan in Zelten eine provisorische Unterkunft, sodass einige Flächen auf dem Schulgelände geräumt werden konnten. Im Freien unter Planen begann Mitte Februar bereits wieder ein provisorischer Unterricht. Die Kinder aus Fort National hatten auf diesem Gelände ihre Schulstunden im Schatten zweier Mangobäume. Ihr Hausmeister Louis begleitete sie jeden Tag und achtete sorgfältig darauf, dass sie bei der Essensausgabe nicht zu kurz kamen. Zum neuen Schuljahr am 1. Oktober standen dann auch hier die in der bewährten Leichtbauweise errichteten Klassenräume. Das war für Kinder und Lehrer schon eine besondere Situation. In jedem Gebäude gab es zwei Klassen, nur durch eine Sperrholzwand getrennt. Entsprechend hoch war der Lärmpegel. Der Unterricht fand vormittags und nachmittags im Schichtbetrieb statt. Es braucht manchmal nicht viel, um im Kleinen etwas Großes bewirken zu können. Das liegt vor allem an den Menschen, die sich nicht unterkriegen lassen und statt zu klagen mit dem improvisieren, was da ist.

Diese Schule der Heilsarmee liegt auf einem weiten Areal, aber auch inmitten von Wohnvierteln, die zu den schwierigsten in der Hauptstadt gehören. Auch hier hatten die chilenischen Architekten Pläne für eine ganz neue Schule erarbeitet. Sie lehnt sich vom Konzept her an die Schule der Kleinen Schwestern in Rivière Froide an, kann sich hier aber wegen des flachen Geländes großzügiger entfalten. War es dort das steile Gelände, so waren es hier andere Hürden, die überwunden werden mussten. Weil wir die Baugenehmigung auf legalem Weg erreichen wollten, mussten wir an viele Türen anklopfen. Erst nach einem Termin bei der damaligen Oberbürgermeisterin von Port-au-Prince und bei weiteren Gesprächen im Ministerium konnte die provisorische Genehmigung endgültig ausgestellt werden. Der Einsatz von Maschinen war nur begrenzt möglich. Bis zu 70 Arbeiter waren auf der Baustelle tätig, darunter eine größere Anzahl aus den angrenzenden Slumgebieten. Der Bauunternehmer musste mit den Bandenchefs der Viertel eine Übereinkunft finden, Männer aus dieser Nachbarschaft einzustellen, wenn er Ruhe auf der Baustelle haben wollte. Dies garantierte, dass Diebstähle ausblieben. Einige der Arbeiter nutzten die Chance, während dieser Zeit als Maurer ausgebildet zu werden.

Dennoch blieb die Sicherheitslage in diesem seit Jahren politisch wie kriminell sehr unruhigen Umfeld prekär. Zeitweise musste die Baustelle geschlossen und das Sicherheitspersonal verstärkt werden. Streiks wegen angeblich nicht bezahlter Löhne unterbrachen die Arbeiten ebenso wie fehlendes Baumaterial, das wegen des chaotischen Verkehrs nicht rechtzeitig zur Baustelle gebracht werden konnte. Entscheidend für den Erfolg und Fortgang der Arbeit war, dass sich Eltern für ihre Kinder und damit für die Schule als „ihre Schule" im Stadtviertel einsetzten und sie gegenüber den Banden verteidigten. Auch musste das Bauunternehmen gewechselt werden, weil die Qualität der Arbeit nicht den vereinbarten Standards entsprach. Dennoch konnten im Juni 2015 allen Schwierigkeiten zum Trotz bereits zwei Drittel der neuen Gebäude eingeweiht werden. Es bleibt zu hoffen, dass die Qualität dieser Schule in die Familien und damit in die sie umgebenden Stadtviertel ausstrahlt. Ein Indiz dafür ist der Lerneifer der Kinder und auch ihre guten, über dem Landesdurchschnitt liegenden Erfolge zum Schuljahresabschluss.

## RESTAVÈK – KINDER ALS HAUSSKLAVEN?

Jocelyn ging gerne zur Schule, die in der Nähe ihres Hauses lag, bis beide durch das Erdbeben zerstört wurden. Sie war stolz auf ihre Schuluniform, den Rock mit den blau-gelben Karos und die weiße Bluse. Nach dem Frühstück zog sie die saubere Uniform an. Auf dem Weg traf sie sich mit Klassenkameradinnen. Mehr als 50 Kinder saßen in der Klasse. Auf den Schulbänken rückten sie ganz dicht zusammen, sodass alle sitzen konnten. Wie zu Hause sprachen sie auch in der Schule Kreol, die Landessprache Haitis. In ihr lernten sie lesen und schreiben. Doch auch Französisch stand auf dem Lehrplan, die zweite Amtssprache Haitis. Die Ähnlichkeit mancher Worte in beiden Sprachen merkt man eher beim Sprechen als beim Lesen. Bei *„bonjou"* oder „*mesi*" ist das noch einfach. So hatte Jocelyn in der Schule schon viele französische Worte aufgeschnappt und hätte gerne noch mehr gelernt, wenn nicht das Erdbeben den Alltag so jäh unterbrochen hätte.

Im Kinderzentrum hörte sie besonders aus dem Mund der Sozialarbeiterinnen ein Wort, das sie noch nie gehört hatte: *Restavèk*. Sie wusste nicht, was das Wort bedeutete, merkte aber bald, dass damit eine Gruppe von Kindern gemeint war, die anders als Jocelyn ohne Eltern lebten und auf sich alleine gestellt waren. Marie gehörte dazu, wie Jocelyn acht Jahre alt. Sie kannte die Lieder nicht, die die Kinder sangen. Auch bei den Spielen wirkte sie zurückhaltend. Lesen und Schreiben hatte sie nie gelernt. Doch wenn es ums Aufräumen ging oder das Geschirr zu spülen war, war Marie eine der schnellsten. Denn das war ihr Leben als Restavèk-Kind gewesen. Marie erzählte nicht viel von sich. Wenn sie sprach, ging es immer um Wasser holen, putzen, kochen, Schläge und lange Tage. Schule oder Spielen kamen da nicht vor. Sie kam meistens barfuß und keine Haarschleife schmückte ihren Kopf. Haarschleifen und kleine Zöpfe sind aber der Stolz der Mädchen. Eines Tages brachte Jocelyn ein paar Schleifen mit und flocht sie gemeinsam mit zwei Freundinnen in Maries Haar. Im kleinen Spiegel, den sie dabeihatten, entdeckte sich Marie ganz neu. Sie würde ihre Haare noch etwas wachsen lassen müssen, damit die Schleifen mehr Halt finden. Haarschleifen gehören für die Mädchen in Haiti dazu. Sie sind Schmuck und doch mehr als das. Denn Haare sind auch Zeichen der Menschenwürde. Wo Menschen ihrer Würde beraubt werden – die Bilder aus Gefangenenlagern und KZ's erinnern daran – demütigt man sie mit dem Verlust der Haare. Wo Menschen durch Krebstherapien ihre Haare verlieren, erleben sie das oft als einen Verlust ihrer Persönlichkeit. Der Schmuck der Haare und die Sorgfalt, sie zu pflegen, gibt den Mädchen in Haiti ein Stück Selbstvertrauen. Sie achten auf sich, lassen ihren Kopf in all den Schwierigkeiten nicht hängen und zeigen, dass sie sich behaupten und ihre Würde bewahren wollen.

Vor dem Erdbeben hatte Marie in dem riesigen Armutsviertel *Wharf Jérémie* gelebt. Dort war sie mit fünf Jahren angekommen. Eine Frau hatte sie in ihrem Dorf in den Bergen abgeholt. Sie hatte der Mutter versprochen, Marie in einer Familie unterzubringen, sie zur Schule zu schicken und für sie zu sorgen. Ihre Mutter hat sie seit der Zeit nie wieder gesehen. Den Namen ihres Dorfes hat sie vergessen. Die Frau war mit ihr und anderen Kindern in ein Schiff gestiegen, das an der Küste entlang zur Hauptstadt fuhr und schließlich nahe einer alten Müllhalde landete. Dort lebten tausende von Menschen auf engstem Raum. Müll und Gestank erfüllte die Luft. Es war laut und heiß. Verschüchtert stand Marie mit den anderen Kindern und der Frau am Hafen, als andere Frauen vorbeikamen, auf eines der Kinder zeigten und ihm befahlen mitzukommen. Das geschah auch mit Marie. Der Weg ging durch die engen Pfade zwischen den Hütten. Schweine suhlten sich in den Abwasserkanälen. An einer Wasserstelle standen Kinder mit großen Eimern, in die sie Wasser schöpften. Endlich erreichten sie eine Hütte. Kaum waren sie dort angekommen, zeigte ihr die Frau einen kleinen Verschlag hinter der Hütte. Dort auf der Matte könne sie schlafen. Jeden Morgen müsse sie Wasser holen, die Nachttöpfe in den Abwasserkanal schütten, die Hütte kehren, das Holzkohlefeuer schüren und die Wäsche waschen. Zu essen bekäme sie, was die Kinder und die Mutter übrig ließen.

So wurde aus Marie ein Restavèk-Kind. Es begann für sie ein hartes Leben mit bitteren Erfahrungen. Und genau die bestimmen auch den Ton, den dieses kreolische Wort hat. Wer mit Kindern zu tun hat, die in solchen Restavèk-Situationen leben, kann sich kaum vorstellen, dass das Wort einmal einen anderen Klang gehabt haben könnte. Es kommt aus dem Französischen *„réster avec moi,"* und kann mit „bei mir bleiben" übersetzt werden. Da schwingt Fürsorge mit und das Versprechen, sich um den anderen zu kümmern. So war es einst auch einmal gedacht, auch wenn die ideale Form sich nicht immer eingestellt hat. Der allergrößte Teil der haitianischen Bevölkerung sind

Nachkommen ehemaliger Sklaven. Die westafrikanische Tradition der sozialen Elternschaft wird von Erwachsenen aus der erweiterten Verwandtschaft oder Ethnie oder auch von fremden Familien wahrgenommen. An die Stelle der Eltern treten dann Pflegeeltern, bei denen die Kinder zeitweise leben und versorgt werden. Dies ist oft an die Hoffnung geknüpft, dass sich die Lebenschancen der Kinder verbessern. Formen dieser sozialen Elternschaft finden sich in der Traditionen Haitis. Diese zeigen sich besonders in dem gemeinschaftsbezogenen System des *„lakou"*, ein Kreolwort, das an den französischen Begriff *„la cour"*, Hof, erinnert. Es sind die Häuser um einen Hof oder Platz herum, auf dem sich Erwachsene und Kinder der verschiedenen Familien begegnen. Als eine Art kleinbäuerlicher Gemeinschaft und Selbstverwaltung, die sich nach der Befreiung 1804 auch als Opposition zu jeder Form staatlicher Bevormundung entwickelte, war auch die Erziehung der Kinder in diesem System eine Art Gemeinschaftsaufgabe und gelebte Solidarität. Das bekannte afrikanische Sprichwort „Wer ein Kind erziehen will, braucht dazu ein ganzes Dorf", bringt es auf den Punkt. Erziehung bedeutete aber auch schon im 19. Jahrhundert Schulbildung. Doch Schulen fehlten auf dem Land. Das Leben war hart und Eltern konnten ihre oft zahlreichen Kinder kaum ernähren, geschweige ihnen Bildung ermöglichen oder sie bei Krankheiten versorgen. Wegen dieses Mangels versuchten Eltern, wenigstens einigen Kindern einen besseren Start ins Leben zu ermöglichen. Bildung war in dieser Zeit ein städtisches Privileg. Durch familiäre Beziehungen und andere Kontakte kamen Kinder aus den ländlichen Regionen in die Städte. Zu Hause blieb ein Magen weniger hungrig. Zugleich bestand die Aussicht, dass dieses Kind in der Stadt seinen Weg machen würde, nicht zuletzt auch zum Wohl der auf dem Land verbliebenen Familie. Die Kinder halfen im Haushalt und im Geschäft, hatten im Gegenzug „Kost und Logis frei" und konnten zur Schule gehen oder einen Beruf erlernen. Was einst als Solidarsystem begann, veränderte sich mit wachsender Armut in den Städten in sein Gegenteil.

Nicht nur an Afrika erinnernde Traditionen prägen das Sozialgefüge der haitianischen Gesellschaft, sondern auch die Rechtlosigkeit, der sie als Sklaven in der französischen Kolonialzeit ausgeliefert waren. Auch deren Brutalität hat Spuren hinterlassen. Nach dem „Code Noir" Artikel XII von Ludwig XIV. von 1685 gehörten Kinder von Sklaven nicht ihrer Mutter sondern der Frau des Sklavenbesitzers. Kinderarbeit war selbstverständlich in dieser Zeit und das Verkaufen der Sklaven und ihrer Kinder Teil dieses Systems. Das liegt lange zurück und sollte eigentlich mit der Befreiung aus der Sklaverei überwunden sein. Aber in die haitianische Gegenwart sind die Spuren ihrer Geschichte tief eingegraben. Was einmal war, ist nicht vorbei, sondern kommt in veränderter Form wieder.

Bald waren es nicht mehr einzelne Kinder, die vom Land in die Städte gingen, sondern ganze Familien. Die Hoffnung auf ein besseres Leben in der Stadt ließ die Landflucht steigen. An den steilen Hängen von Port-au-Prince, aber auch in den sumpfigen Ebenen entstanden Armutsgebiete mit so schillernden Namen wie *Cité du Soleil* oder *Village de Dieu*. Statt staatlicher Ordnung bestimmten seit Jahrzehnten Gangs und Banden die Gesetze des Alltags und herrschten über das Leben der Menschen. Jeder suchte auf seine Weise sein Auskommen als Tagelöhner, kleiner Händler, Handwerker mit oder ohne Qualifikation oder im kriminellen Milieu als Drogendealer oder Schutzgelderpresser. Überleben ist alles in diesen Gebieten. Einige Frauen haben das Geschäftsmodell der „Gevatterin" entdeckt. Sie vermitteln Kinder vom Land an arme Familien in diese Viertel. Für ihre „Dienste" kassieren sie ein Entgelt. Eine arme Familie, die ein Restavèk-Kind aufnimmt, schafft den eigenen Kindern vielleicht so die Chance auf einen Schulbesuch, weil an ihrer Stelle nun ein kleiner „Haussklave" die Arbeit übernimmt. Zehn und mehr Stunden arbeiten sie täglich, essen, was übrig bleibt und schlafen in irgendeiner Ecke. Kosten entstehen keine. Kinder in diesen Restavèk-Situationen sind der Willkür ihrer „Gastfamilie" ausgesetzt. Schläge gehören zum Alltag und sexuellen Missbrauch erleiden nicht nur Mädchen. Restavèk sind die „Prügelkinder" der Familie, an denen nicht nur die Erwachsenen, sondern oftmals auch die Kinder ihren Mutwillen auslassen. Kaum eines der Kinder kennt mehr als seinen Vornamen. Geburtsurkunden oder andere Meldenachweise gibt es fast nie. So ist es kein Wunder, dass diese Kinder von Kinderhändlern entführt und über die grüne Grenze in die benachbarte Dominikanische Republik gebracht werden. Schätzungen belaufen sich auf etwa 2.000 Kinder pro Jahr, bei einer insgesamt geschätzten Zahl von bis zu 300.000 Kindern in Restavèk-Situationen. Etwa 70 Prozent sind Mädchen. Wenn die Kinder in die Pubertät kommen, mehr Essen brauchen und sich nicht mehr jede Demütigung gefallen lassen, jagt man sie davon. So werden aus Restavèk-Kindern Straßenkinder, die oft keine andere Chance haben, als ins kriminelle Milieu einzusteigen.

Marie konnte Jocelyn nur erzählen, was sie selbst durchgemacht hatte. Nach dem Beben war sie mit anderen Kindern aus dem Slumgebiet geflohen. Die kleine Kirche, an der sie jeden Tag auf dem Weg zur Wasserstelle vorbeikam, war eingestürzt wie die wenigen anderen aus Steinen gemauerten Häuser. Die Hütte ihrer Familie aus Brettern und Planen war stehengeblieben. Die dicke Müllschicht auf der der ganze Slum stand, hatte beim Beben wahrscheinlich für diese Behausungen wie ein Puffer gewirkt und die schweren Stöße gedämpft. In ihrer Angst wollten die Kinder nur noch weg. Sie trafen weiter oben in der Stadt auf andere Kinder, die sie mit zum Kinderzentrum nahmen. Den Mitarbeitern von AMURT gelang es, für Marie eine Familie zu finden. Auch hier war sie in einer Restavèk-Situation. Sie hatte ihre Pflichten, aber sie durfte mit zum Kinderzentrum. Die Mutter schlug sie nicht und sie aß mit den anderen Kindern. Es ging ihr besser als in der Zeit davor. Irgendwann erzählte eine Mitarbeiterin vom Schicksal anderer Kinder in Port-au-Prince und von den Menschen, die ihnen halfen. Da fiel auch der Name Wharf Jérémie. Marie horchte auf, denn das war das Viertel, aus dem sie geflohen war. Dort gäbe es jetzt auch ein Kinderzentrum in einer Kirche, die wieder behelfsmäßig hergerichtet wäre. Etwa 150 Kinder kämen dort zusammen, viele davon Restavèk-Kinder. Das Wort kannten mittlerweile alle, auch wenn nur wenige wie Marie und Jocelyn wussten, welches Leid in dem Wort steckt. Um diesen Kindern gerechter zu werden und Stigmatisierung zu überwinden, ist es gut von „Kindern in Restavèk-Situationen" zu sprechen statt von „Restavèk-Kindern".

In Wharf Jérémie ist es ein Pastor, der sich um diese Kinder kümmert. Seine Kirche ist werktags eine Schule – ein übliches Konzept in vielen Armutssituationen. Er ist eine Vertrauensperson in diesem Viertel. Über ihn finden die Mitarbeiterinnen und Mitarbeiter der Kindernothilfe Kontakt zu vielen Familien in Restavèk-Situationen. Es ist erschreckend, dass selbst Mütter kein Gefühl für das Leid der Kinder haben, die in ihren Haushalten stundenlang schuften. Viele halten es für selbstverständlich, sie zu schlagen oder anzuschreien. Auch sichtbare Hautkrankheiten oder Wunden, die in diesem Schmutz zum Leben der Kinder gehören, scheinen ihr Herz nicht zu rühren. Die extreme Armut hat als Kehrseite auch eine Verrohung in diese Familien gebracht. Ein Mitarbeiter erzählte von einem Stück Stacheldraht, das die „Mutter" immer in der Nähe hätte und schon manche blutige Wunde geschlagen hätte. Diese Kinder, oft im ähnlichen Alter wie die eigenen, sind für die Frauen irgendwie keine Kinder, eben Restavèk. Das erleiden Kinder in einem Land, das als erster Staat Amerikas 1804 die Sklaverei abschaffte, die Charta der Menschenrechte von 1948 unterzeichnete, die UN-Kinderrechtskonvention von 1989 und die Konvention der Internationalen Arbeitsagentur gegen die schlimmsten Formen von Kinderarbeit 2007 ratifizierte. All das schützt die Kinder hier dennoch nicht.

In extremer Weise zeigt sich hier das Problem, wie die universelle Gültigkeit der Menschenrechte unter Berufung auf lokale Traditionen und Werte gebrochen wird. Dazu gehört, in Haiti ein Kind in die Obhut einer anderen Familie geben zu dürfen. Dass dieses Prinzip auch dann noch hochgehalten wird, wenn es nur noch formal existiert, aber das, was das Kind erlebt, nicht Obhut sondern die tägliche Hölle ist, zeigt die Wirkmacht solcher Traditionen und zugleich die Schwäche derer, die nicht willens oder in der Lage sind, die verbrieften Rechte durchzusetzen. Gerne wird dann ins Feld geführt, dass es in den Ländern ein kulturell unterschiedliches Verständnis von Kindheit gäbe, und die globale Geltung der Kinderrechte unter national oder regional anderen Normen zu relativieren sei. Doch entweder sind diese universell gültig oder gar nicht. Je mehr aber die Kinder aus den Restavèk-Situationen von sich erzählen und ihr Leid öffentlich machen, desto mehr tragen sie selbst dazu bei, diesem vermeintlichen Recht der lokalen Tradition den Boden zu entziehen. Was die Kinder berichten, erschüttert diese „Tradition". In Wharf Jérémie sind viele Gespräche nötig, um Müttern und Vätern die Augen zu öffnen für Kinder, die bei ihnen wie Sklaven leben. Wer ihnen helfen will, muss auch mit den „Gastfamilien" als „Arbeitgebern" der Kinder intensiv sprechen. Ohne diese Familienarbeit wird sich nichts ändern. In der Armut der Familien liegt das Elend der Kinder begründet. Auch hier sind es oft die Mütter, mit denen erste Schritte möglich sind. Wie in Sambia und anderen Ländern wirken auch in Haiti mittlerweile die Selbsthilfegruppen der Frauen kleine Wunder (nähere Informationen im Kapitel über Sambia). Veränderungen haben begonnen. Was Marie in Sinéas mit ihrer neuen Familie erlebt, haben auch in Wharf Jérémie immer mehr Kinder erfahren. Längst ist ihre Schule in der Kirche wieder aufgebaut, heller und geräumiger als zuvor. In zwei Schichten findet auch hier der Unterricht statt. Pädagogisch könnte er noch besser sein. Frontalunterricht ist der Normalfall und Auswendiglernen ersetzt die fehlenden Lernmittel. Doch auf dem Hintergrund dessen, was war, ist es für die Kinder ein großer Fortschritt. Die Küche versorgt die Kinder jeden Mittag; die Toiletten und sauberes Wasser helfen, Krankheiten zu vermeiden. Darauf haben bei ihren Besuchen die beiden Gesundheitsmitarbeiterinnen des Teams hingewiesen und Trainings mit den Kindern durchgeführt.

## DIE SCHULEN IN DEN BERGEN

In allem Elend brachte das Beben vom 12. Januar 2010 das Schicksal der Kinder in Restavèk-Situationen ans Licht. Etwa ein Jahr später machte das Familienministerium mit Großplakaten in den Straßen von Port-au-Prince auf diese Kinder aufmerksam. Verschiedene Nichtregierungsorganisationen legten Programme auf, diese Not zu lindern, den Staat zur Einhaltung der unterschriebenen Gesetze zu zwingen oder auch durch Gewaltprävention und Slumsanierungen bessere Lebensbedingungen zu schaffen. Nach den wirklichen Ursachen fragte kaum einer. Und die liegen nicht in der Hauptstadt, sondern in den unwegsamen Bergregionen der Insel. Dort unterstützte Kindernothilfe seit Jahren schon einen einheimischen Partner, der die Landwirtschaft in dieser Region fördert und für die Kinder ein Schul- und Ausbildungsprogramm aufgelegt hat. Ziel des Projekts ist es, die Familien zu befähigen, vom Ertrag ihrer Felder und dem Verkauf der Produkte und Tiere zu leben und den Kindern eine an ihre Lebenssituation angepasste Ausbildung zu ermöglichen. Kein Kind aus diesen Dörfern sollte mehr den Weg in die Slums von Port-au-Prince gehen und in eine Restavèk-Situation geraten müssen. Fünf Dörfer beteiligten sich an dem Programm. Alle liegen weitab in den Bergen. Sie sind nur zu Fuß oder mit Eseln und Maultieren zu erreichen. Wer zu ihnen will, muss den Rivière Froide, den kalten Fluss, durchqueren. Seine Strömung ist sehr stark und bei Hochwasser kommt man nicht hindurch. Das Team der Kindernothilfe kannte den Weg und auch die Gefahren. Erste Nachrichten aus der Region verhießen nichts Gutes. Die Schule im Dorf *Coupeau* sei eingestürzt, keiner sei ums Leben gekommen, wohl aber gäbe es

Verletzte. Es dauerte zehn Tage, bis ein erstes Team das Dorf erreichte, sich um die Verletzten kümmerte und feststellte, dass die Schule nur noch abgerissen werden könnte. Der Lehrer Armand hatte die Kinder am 12. Januar um 16.30 Uhr zum Spielen auf den Hof geschickt. Er allein war noch in der Schule, als das Beben Coupeau erschütterte und die Schule vor den Augen der Kinder zusammenbrach. Nach dem ersten Schrecken befreiten die Dorfbewohner Armand aus den Trümmern. Er war nur leicht verletzt. Kaum einer konnte in Worte fassen, welchem Schicksal die Kinder gerade noch entronnen waren. Viele der kleinen Häuser hatte es ebenfalls getroffen. Doch um den Verlust der Schule trauerten alle. Denn die hatten die Dorfbewohner erst vor drei Jahren in Gemeinschaftsleistung erreichtet. Keiner der Erwachsenen hatte je eine Schule besucht. Doch für die Zukunft ihrer Kinder war ihnen keine Anstrengung zu viel. Alle ihre Hoffnungen und Wünsche lagen nun unter diesen Trümmern begraben.

Sehr bald stand fest, hier eine neue Schule zu bauen. Die Baupläne sollten mit den Dorfbewohnern einschließlich der Kinder beraten werden. Der Vorschlag, dieses Mal erdbebensicher zu bauen, kam auf, auch wenn niemand da war, der das hätte technisch erklären können. Diesen Part übernahmen die chilenischen Architekten. Sie waren ein Glücksfall, denn sie nahmen die Strapazen des Fußmarsches auf dem fast schattenlosen Weg ebenso auf sich, wie auch in einem Zelt unter den Menschen zu wohnen, um mit ihnen zu sprechen und die Schule zu planen. Das kam bei den Dorfbewohnern gut an. Das Vertrauen wuchs und auch die Bereitschaft, den Bau der Schule zu ihrer eigenen Sache zu machen. Leicht wäre es gewesen, ein *„cash and work"* Programm aufzulegen, also die Leute zu bezahlen, die für den Bau erforderlich sein würden. Viele der Wiederaufbauprogramme werden nach diesem System organisiert. Die riesigen Trümmerberge in der Stadt hätte man kaum anders beseitigen können. Menschen bekamen so Arbeit und Geld, das wiederum den lokalen Markt belebte. Doch die Schule in Coupeau war erst drei Jahre zuvor in Gemeinschaftsleistung der Dorfbewohner aufgebaut worden. Daran erinnerte die Partnerorganisation der Kindernothilfe und schlug vor, auch dieses Mal an das in der ländlichen Lebensweise verankerte *„combite"* System anzuknüpfen. Das würde die so wichtige Teilhabe stärken. Die Dorfgemeinschaft würde den Schulbau wirklich zur ihrer Sache machen. In dem kreolischen Wort *„combite"* kommen die beiden französischen Worte *commune* (Gemeinde, Gemeinschaft) und *habiter* (wohnen) zusammen. Ursprünglich war es die gegenseitige Unterstützung bei der Feldarbeit durch die Menschen, die in einer Gemeinde lebten. Formen der Nachbarschaftshilfe haben sich daraus entwickelt und auch der gemeinsame Einsatz für Projekte des Dorfes. Es gibt verschiedene Mischformen, auch solche mit Entlohnung. Grundsätzlich aber werden alle, die mitarbeiten durch ein gutes Essen versorgt, solange der Einsatz dauert, feiern am Ende ein Fest und bekommen als Anerkennung etwas Nützliches geschenkt. Hier in Coupeau waren es große Zeltplanen, die man als Sonnenschutz aufspannen oder zum Decken von Dächern verwenden konnte.

Im Rat der Dorfversammlung war man übereingekommen, die Schule erdbebensicher aus Steinen zu mauern, mit einem Dachstuhl aus Holz und mit Wellblechplatten als Dach. Die Türen sollten aus Eisen sein und wegen der besseren Lüftung Lamellenfenster eingesetzt werden. Damit war klar, dass für manche Gewerke *„combite"* durch Lohnarbeit zu ergänzen war. Sand gab es in einer nahegelegenen Kuhle, Wasser im Fluss, Zement aber mussten die Maultiere herantragen. Die Tiere brauchen für den Weg länger als Menschen, dafür können sie aber auch zwei Säcke Zement tragen. Etwa 600 Säcke mussten herangeschafft werden. Das war eine logistische Herausforderung und Meisterleistung zugleich. Die Türen und Fenster aber, die Handwerker in der Stadt zusammenbauten, wurden von Trägerkolonnen zur Baustelle gebracht, später auch das Holz für die Schulbänke. Eine kleine Wohnung für den Lehrer wie auch Toiletten und eine Zisterne, um Regenwasser aufzufangen, gehörten zur Ausstattung der Schule. Coupeau war Modell für die anderen Schulen, die aber nicht alle aus Steinen, sondern in solider Holzbauweise errichtet wurden, weil der Weg zu ihnen noch viel weiter und für Mensch und Tier beschwerlicher war. Zweimal bin ich zu diesen Schulen hinaufgestiegen. Jedes Mal habe ich die Freude der Menschen erlebt, die diese Herkulesaufgaben geschafft hatten und nun für sich und ihre Kinder mit viel Hoffnung in die Zukunft schauen. Keine Familie hat seither ein Kind abgegeben und dem ungewissen Schicksal in Port-au-Prince als Restavèk überlassen. So wichtig es ist, sich um die Kinder in den Armutsvierteln der Städte zu kümmern, die noch in dieser Situation gefangen sind, so müssen sie um diese Programme der Armutsbekämpfung in den ländlichen Regionen ergänzt werden. Wenn diese erfolgreich sind und den Menschen eine Lebensperspektive bieten, dann erst wird die Zahl der Kinder sinken, die wie Marie und Tausende andere als Haussklaven ihr Leben fristen müssen. Ob Marie einmal ihre Mutter in den Bergen wieder finden wird, ist ungewiss. Doch es gibt Organisationen, die sich genau darum kümmern und in detektivischer Filigranarbeit Spuren suchen und Wege zusammenführen. Vielleicht gelingt es auch für sie.

## WIR LASSEN UNS NICHT UNTERKRIEGEN

Jocelyn und Marie blieben in Verbindung, auch wenn sich ihre Wege trennten. Fast vier Jahre lang lebten sie in der Zeltstadt. Aus dem Kinderzentrum war eine Schule geworden und aus vielen Zelten schon feste Hütten oder kleine Häuser. Im Laufe der Zeit war ein neuer Stadtteil entstanden. Doch sein Ende kam 2014. Wie auf dem *Champs des Mars*, auf dem Platz vor der Kirche in *Pétionville* und an vielen anderen Plätzen sollten die Zeltstädte und Notunterkünfte verschwinden. Solange sie da waren, blieb Port-au-Prince und damit das ganze Land durch die Folgen des Bebens stigmatisiert. Die Katastrophe lag nun mehrere

Jahre zurück und es war offensichtlich, dass die Regierung noch keine dauerhafte Lösung für die Umsiedlung der Menschen gefunden hatte. Das Stadtzentrum mit den Regierungsgebäuden musste wieder aufgebaut werden. Dafür brauchte man Platz. Um das Problem zu lösen, hatte die Regierung den Familien in den Lagern im Stadtzentrum jeweils 400 Dollar in die Hand gedrückt und sie aufgefordert, den Platz zu räumen. Irgendwie sind die Menschen weitergezogen und haben sich neue Provisorien gesucht. Andere wurden in Siedlungen wie *Canaan* oder *Corail* umgesiedelt. Etwa 15 Kilometer außerhalb der Stadt entstanden diese monotonen Siedlungen auf einem Ödland. Es sind kleine Holzhäuser unter einem Blechdach, von Nichtregierungsorganisationen gebaut und von der Regierung zur Verfügung gestellt. Wasser muss mit Tanklastwagen herangeschafft werden. Viele überleben im sogenannten informellen Sektor. Sie handeln mit allem, was sich verkaufen lässt oder bieten einfache Dienstleistungen an. Experten befürchten, dass hier neue Brutstätten der Gewalt und des Bandenwesens entstehen werden.

Marie war mit ihrer Familie nach Canaan gekommen. Jocelyns Mutter hatte in der Nähe von Sinéas eine Hütte gefunden, die sie mieten konnte. Den kleinen Kiosk aus dem Lager richtete sie vor der Hütte ein. Jocelyn sollte weiter zur Schule in Sinéas gehen. Denn das ehemalige Kinderzentrum, nun eine Schule, hatte man stehen gelassen. Ja mehr noch, der Bildungsminister hatte Sinéas zu einer Modellschule für ganz Haiti erklärt. Kindernothilfe hatte dazu Fördermittel aus dem Bundesministerium für wirtschaftliche Zusammenarbeit (BMZ) erhalten. Vor allem sollten hier andere pädagogische Programme eingesetzt werden als sonst in Haiti üblich: Gruppenunterricht, keine Schläge, kein Gebrüll, stattdessen viel Kreativität und Lernen durch Selbstvertrauen. Vor der UN in New-York erklärte der Minister, dass das Programm dieser Schule bald zum Standard aller Schulen in Haiti gehören würde. Doch alles kam anders. Der Eigentümer des Geländes lag im Rechtsstreit mit anderen

Personen, die ebenfalls Anspruch auf das Gelände erhoben. Er setzte sich durch. Alle Verhandlungen, das Gelände für die Schule zu kaufen, führten ins Leere. Der Premierminister selbst ordnete den Abriss der Schule an. Vor den Augen der entsetzten Eltern und Kinder walzten am 5. September 2014, kurz vor Schuljahresbeginn, Bulldozer die Schule nieder. Das war wie ein Beben nach dem Beben, das bei den Betroffenen den Rest des Vertrauens in den Staat erschütterte.

Jocelyn konnte provisorisch in einer anderen Schule unterkommen. Die Partnerorganisation AMURT der Kindernothilfe versuchte mit Übergangslösungen zu helfen. Wenn Jocelyn in weiten Abständen Marie treffen kann, dann merkt sie, dass es ihr besser geht als Marie draußen in Canaan. Aber beide haben sich versprochen, sich nie unterkriegen zu lassen. Der Weg in eine bessere Zukunft kann jäh enden und dann mit neuen Improvisationen weitergehen. Was Jocelyn und Marie in den Jahren in Sinéas an Selbstbewusstsein, Kenntnissen und sozialen Kompetenzen gelernt haben, kann ihnen niemand nehmen. Das wird sie mit den vielen anderen Kindern verbinden, die die neun Schulen besuchen, die durch die Spender der Kindernothilfe mit verschiedenen Partnern aufgebaut wurden. Was die Kinder gelernt haben, wirkt in ihnen weiter. Die Schulen werden auch der nächsten Generation noch zugute kommen. Einfache Lösungen gibt es in dem schwierigen Land Haiti nicht, aber Menschen, die sich einsetzen und allen Schwierigkeiten zum Trotz an Lösungen und Wegen für eine bessere Zukunft arbeiten. Der Direktor von Kindernothilfe Haiti, Alinx Jean Baptiste, bringt es auf den Punkt, als er auf die Frage antwortet, woher er die Ausdauer für all diese Herausforderungen nimmt: „Aus der Überzeugung, dass der Schlüssel für die Überwindung der Armut in meinem Land in der Bildung für alle Kinder liegt. Die Kinder in Haiti mit all ihren Erfahrungen, wie hart und brutal das Leben sein kann, bringen jede Menge Potenziale, Kreativität und Überlebensfähigkeiten mit. Darin besteht der eigentliche Reichtum Haitis."

# SOMALILAND UND DIE GEISSEL DER GENITALVERSTÜMMELUNG

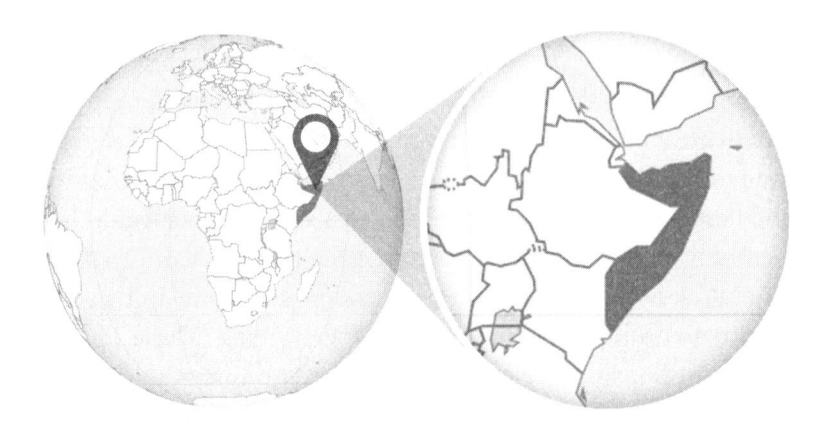

Die Republik Somaliland ist ein nur von wenigen anerkannter Staat in Ostafrika und Teil Somalias. Somaliland ist 138.000 Quadratkilometer groß und hat 3,5 Millionen Einwohner. Damit ist es so groß wie Griechenland und hat in etwa so viele Bewohner wie Berlin. Die Kindernothilfe arbeitet seit der Dürrekatastrophe am Horn von Afrika 2011 im Land. Sie unterstützt in Somalia derzeit 5 Projekte und rund 16.000 Kinder.

## REISE IN EIN UNBEKANNTES LAND

Farhans Augen strahlen. Jetzt würde alles gut werden. Die Ungeduld weicht aus seinem Gesicht. In der Nacht hatte er sich auf den Weg gemacht, um uns in Burao zu erwarten. Am Tag zuvor waren wir zu zweit, aus der äthiopischen Hauptstadt Addis Abeba kommend, in Hargeysa gelandet. Farhan hatte uns am Flughafen abgeholt. Mit ihm und seinen Kollegen des Netzwerks gegen Genitalverstümmelung saßen wir, kaum angekommen, schon zusammen, um den Besuch in Burao zu planen. Von Anfang an war mir sein offenes Gesicht und sein fröhlicher Blick aufgefallen. Das alles schien gar nicht zu den Sicherheitskontrollen zu passen, zu den Soldaten mit ihren Gewehren im Anschlag, den Betonklötzen vor der Hoteleinfahrt und einer Personen- und Gepäckkontrolle wie am Flughafen. Mehrsprachige Verhaltenshinweise vermittelten eher das Gefühl von unmittelbarer Gefahr als von Sicherheit. Doch nun beim Tee und in Farhans Fröhlichkeit verlor sich das Bedrohliche. Als wir uns am Abend verabschiedeten sagte ich ihm, dass mir seine Art gut getan hätte, denn ich wäre schon mit Anspannung und Sorge zu dieser Reise aufgebrochen. Er freute sich, dass ich so offen mit ihm sprach und sagte, dass Farhan übersetzt „glücklicher Mensch" heiße. Das hätte ihm seine Eltern von Kind an gesagt. So sei er in seinen Namen hineingewachsen. Doch dann wurde er ernst und versicherte, dass alles für unsere Reise in das Landesinnere vorbereitet sei. Somaliland sei ein sicheres Land, so seine Aussage, und doch seien Vorsicht und gute Planung ganz wichtig. Man dürfte nicht das, was in Somalia geschieht, auf Somaliland übertragen.

Das hatte ich mir vor der Reise im November 2013 auch gesagt. Kollegen der Kindernothilfe waren schon dort gewesen. Die Koordinatorin der Projekte aus Nairobi, eine Deutsche eritreischer Herkunft, hatte sogar einige Jahre dort gelebt, insgesamt waren das gute Voraussetzungen. Dennoch verließ mich das mulmige Gefühl nicht und ließ mich nach den ersten Eindrücken von Hargeysa, der Hauptstadt Somalilands, auch nicht los. Zu Hause hatte ich immer ganz unbefangen getan, zuletzt noch am Tag der Abreise auf dem Duisburger Bahnhof. Ein Bekannter, den ich zufällig traf, fragte, wohin denn die Reise ginge. „Nach Somaliland", war meine Antwort. Weil ich mit seiner Irritation rechnete, fügte ich hinzu: „Jetzt geht es mit dem Zug nach Frankfurt und dann über Äthiopien nach Somaliland." Ob das nicht zu gefährlich sei, wollte er noch wissen. Doch es blieb keine Zeit für weitere Gespräche. Der Zug kam und im Abschied rief er noch: „Alles Gute und komm gut zurück." Nicht nur er war verunsichert, sondern auch andere, denen ich von meinen Reiseplänen berichtet hatte. Denn wer kennt hierzulande den Unterschied zwischen Somaliland und Somalia? Mit Somalia verbinden sich Schrecknisse von Krieg, Terror, Hunger, Flucht und Piraterie. Da gerät schnell alles, was in diesen Gegenden am Horn von Afrika geschieht in den Sog der schlechten Nachrichten, die zu Somalia gehören. Die Nähe zu Somalia ist und bleibt gefährlich, doch Somaliland ist etwas Eigenes und in vielerlei Hinsicht auch Besonderes. Das war die erste und am Anfang der Reise wichtigste Botschaft, die Farhan und seine Kollegen uns mit auf den Weg gaben. Sie waren stolz auf ihr Land und wollten uns zeigen, wie sie sich für die Menschen, für deren Entwicklung und bessere Zukunft, besonders für die von Mädchen und Frauen, einsetzen.

## DIE WELT BUCHSTABIEREN UND DAS LEBEN NEU ENTDECKEN

So beginnt unsere Reise mit dem Besuch eines Alphabetisierungsprojekts für Frauen in der Stadt Burao im Landesinneren. Dorthin war Farhan vorausgefahren. Wir erreichen Burao nach etwa sechs Stunden Fahrt gegen Mittag, statt um 11 Uhr, wie es eigentlich vorgesehen war. Farhan hatte allen gesagt, dass die Deutschen sehr pünktlich seien und deswegen keiner später kommen dürfe. Doch nun sind wir es, die die anderen warten lassen. Aber auch das lächelt Farhan weg, weiß er doch, dass nicht wir, sondern seine Kollegen und die Sicherheitskräfte das Tempo der Reise bestimmt haben. Unsere Verspätung war bei ihm schon taktisch einkalkuliert. Und Zeit wird in Somaliland eher elastisch verstanden. Am frühen Morgen sind wir mit zwei Autos aufgebrochen. Kaum losgefahren halten wir an einer Tankstelle am Stadtrand. Dort sollen wir drei Soldaten mit ihrem Auto als Geleitschutz für die kommenden Tage treffen. Als nach einer halben Stunde Wartezeit zwei Bewaffnete kommen, muss zunächst Proviant für sie gekauft werden. Als alles verstaut ist und uns beiläufig die Gewehre gezeigt werden, geht es los. Durch eine wellige Savannenlandschaft führt die mal gute, mal von Schlaglöchern übersäte Straße zur Hafenstadt Berbera und bald danach durch Serpentinen mit atemberaubenden Blicken hinauf ins Gebirge über ein Hochplateau nach Burao. Der Verkehr ist mäßig. Vor allem Pick-ups und kleine Lastwagen sind unterwegs. Oft haben sie Tiere geladen. Menschen stehen dicht an dicht auf den Ladeflächen. Hin und wieder überholen wir einen Lastzug mit Containern. Andere LKW, deren Fahrer Rast machen, stehen hochbeladen am Straßenrand. Hinter Berbera wird es noch ruhiger. Manchmal überholen uns Geländewagen mit somalischen Kennzeichen in rasanter Fahrt, unterwegs zu Zielen, die wir nicht erreichen können. Die Soldaten fahren hinter uns her und sichern so unser Fahrzeug. Kurz vor jedem Checkpoint der Polizei preschen sie vorbei, erklären dem Streckenposten ihren Auftrag und sorgen für freie Fahrt. Nach einer kurzen Rast in Berbera sind wir nun am Ziel. Etwa zeitgleich mit uns treffen, ebenfalls unter Polizeischutz, der Gouverneur und zwei hochrangige Vertreterinnen des Familienministeriums vor der Festhalle am Stadtrand von Burao ein. Man bittet sie, vor uns in der Halle Platz zu nehmen. Wir sollen dann als Ehrengäste folgen. So sieht es das Protokoll vor. Schon von außen lässt das Gebäude ahnen, das etwas Größeres bevorsteht. Frauen, die an einem Alphabetisierungskurs teilgenommen haben, bekommen an diesem Mittag die Zertifikate, die ihnen ihre erfolgreiche Teilnahme bescheinigen.

Kaum treten wir durch die Tür, empfangen uns über 300 Frauen mit einer Art Gesang ohne Worte in hohen, schnell schwankenden Tonhöhen. Es ist wie ein Klangteppich, der sich vor uns ausbreitet und uns zu unseren Plätzen geleitet. Diese Ululation, wie der Gesang in der Fachsprache heißt, ist Frauen vorbehalten und in arabischen und auch afrikanischen Ländern ein Ausdruck der Freude. Dabei bewegen sich die Zunge und das Gaumenzäpfchen sehr schnell und modulieren die hohen Töne auf- und abschwellend. Die Frauen sitzen in Stuhlreihen vor uns mit ihren farbenfrohen Gewändern und der typischen über die Schulter fallenden Kopfbedeckung, aber mit freiem Gesicht. Seitlich haben etwa 20 Männer Platz genommen, würdige alte Herren, die als Clan- oder Stammesälteste die traditionelle Hierarchie repräsentieren. Was wird in ihnen vorgehen in der kommenden Stunde? Wird es ihre Welt bleiben, über die sie jetzt noch wachen? Oder sind sie es gar, die das Projekt schon längst befürworten und unterstützen, wie es andere tun, die im Land Schulen gebaut haben? Ihre Blicke verraten mir nichts. Unter ihnen ist auch ein Imam. Er eröffnet die Feier mit einer Koranrezitation. Nach einer Begrüßung und unserer Vorstellung stellen die Projektleiter Sinn und Nutzen wie auch die Methodik des Programms der Alphabetisierung vor. Ein halbes Jahr lang hatten die Frauen in Burao und Umgebung in kleinen Gruppen gelernt. Manche hatten schon Grundkenntnisse mitgebracht, doch für die meisten war es der Schritt in ein neues Leben. Seit 1972 wird die Sprache Somali in den Buchstaben des lateinischen Alphabets geschrieben. Sie ist die Amtssprache. Da ist Somalia eine der Ausnahmen in den afrikanischen Ländern, von denen die meisten ihre ehemalige Kolonialsprache als offizielle Landessprache weiter nutzen. Der frühere Präsident und Diktator von Somalia, Siad Barre, hatte dies 1972 durchgesetzt, nachdem lange Zeit arabische Buchstaben benutzt wurden, aber kein verbindliches Sprachsystem bestand. Mit den erworbenen Kenntnissen und der Ermutigung, diese nun weiter auszubauen, hatte sich den Frauen ihre Muttersprache ganz neu erschlossen. Nun können sie lesen und schreiben, wenn auch noch nicht perfekt. Doch auf dem Markt und bei den Behörden wird ihnen so schnell keiner mehr ein X für ein U vormachen. Das muss und soll gefeiert werden.

Etwa 20 Frauen überreiche ich nach Namensaufruf das Zeugnis. Einigen fällt es sichtlich schwer, vor so einer Menge persönlich durch einen fremden Mann geehrt zu werden, andere ergreifen beherzt das Wort. Sie bedanken sich für die Chance, lernen zu können. Als Kinder, so sagten zwei Frauen, hätten sie dazu nie die Möglichkeit gehabt. In den Jahren des Bürgerkriegs wäre es um das Überleben gegangen, an Lernen sei da nicht zu denken gewesen. Manche erzählen von ihren Töchtern, denen heute noch Väter sagen, dass sich ein Schulbesuch für sie nicht lohne, da sie bald heiraten sollten. Und dann kommt immer mehr das eigentliche Thema zur Sprache. Eine Mutter bringt es auf den Punkt, als sie sagt: „Meine Töchter sollen einmal ein anderes Leben haben als ich, ohne Schmerzen und das Leid, das ich erlebt habe." Im Saal wird es ganz still, denn alle wissen, was gemeint ist. Das Leid, von dem sie spricht, ist die Genitalverstümmelung der Mädchen, ein Schmerz, den wahrscheinlich alle Frauen im Saal kennen und unter deren Folgen die meisten noch leiden. Selbstbewusst und um Worte nicht verlegen treten die Frauen auf. Sie haben lesen und schreiben im Zusammenhang ihrer Alltagserfahrungen gelernt. In den kleinen Gruppen konnten sie sich öffnen. Unter einigen war Vertrauen gewachsen, sodass sie sich über ihre täglichen Sorgen austauschen konnten. Mit der Alphabetisierung wächst das Selbstvertrauen. Es ist beeindruckend, wie sie von ihrem Leben erzählen. Weil sie ihre Muttersprache noch einmal neu entdeckt und kennengelernt haben, kommt zur Sprache, was ihr Leben belastet. Über die Buchstaben haben sie ihre Stimmen gefunden. Die Freudenrufe am Anfang waren wie ein symbolischer Auftakt. Ihre Zungen haben sich gelöst und das Schweigen, das auf ihnen lastete, ist gebrochen. Jetzt verschaffen sie sich Gehör. Der Gouverneur greift in seiner Ansprache das Thema der Genitalverstümmelung auf und verspricht, sich weiterhin für dessen Verbot einzusetzen. Die Vertreterinnen des Familienministers sind da offensiver und mahnen die noch ausstehende gesetzliche Regelung an, die alle Formen der Genitalverstümmelung unter Strafe stellen soll. Der Imam und die Ältesten schweigen. Ihre zerfurchten Gesichter zeigen keine Regung. Doch wenn sich etwas ändern soll in der Gesellschaft und der Gesetzgebung müssen sie gewonnen werden. In dem Moment hoffe ich, dass der Mut der Frauen zu ihnen durchdringt und sie erreicht. Ob in dieser Stunde die Stimmen und Schicksale von 300 Frauen 20 Männer überzeugen, bleibt ungewiss. Es ist fast ein Symbol für den langen Weg, patriarchalische Traditionen zu überwinden. Wenn sie ihr Schweigen brächen und die Tradition infrage stellten, könnten sie ihre Töchter und Enkelinnen und viele Mädchen in Somaliland vor diesen Schmerzen, Demütigungen und seelischen wie körperlichen Qualen bewahren.

Leid und Hoffnung fasst eine Frau in einem Gedicht zusammen, das sie als Lied vorträgt. Poesie gehört zum Leben in Somaliland. In ihr kann alles zur Sprache kommen, was im Leben vorkommt und Menschen bewegt. Als mündliche Überlieferung prägt sie die Kultur des Volkes schon seit langer Zeit. Seit einigen Jahren kommen Bücher in der Landessprache dazu. Die Buchmesse von Hargeysa weckt zusätzlichen Hunger nach Bildung im Land und fördert die Lust am Lesen und die kulturelle Identität des Landes obendrein. Das Lied, das wir hören, erzählt von einem Mädchen und dem Kampf ihrer Mutter gegen die mächtige Tradition der Verstümmelung. Die Poetin und Sängerin spricht vielen aus der Seele, was auch der lange Beifall zeigt. Eine bewegende Begegnung geht zu Ende. Doch Farhans Gesicht ist ernst. Ich frage ihn, ob irgendetwas nicht so gelaufen sei wie geplant. Er hat natürlich alles verstanden, was gesagt wurde, während ich auf die Übersetzung angewiesen war, die nicht jede Nuance berücksichtigen konnte. Doch, bestätigt er, dass Fest sei wie geplant über die Bühne gegangen. Darüber freue er sich. Ihm sei aber auch klar geworden, dass sie mit ihrer Kampagne gegen die Verstümmelung und mit Projekten wie der Alphabetisierung, die diese begleiten, bei den Frauen riesige Erwartungen geweckt hätten. Da bleibt noch viel zu tun, gerade auch im politischen Bereich. Fragen stellen sich, die er jetzt noch nicht beantworten kann. Das mache ihn nachdenklich. Alles ginge so langsam. Er frage sich, wie lange die Frauen und Jugendlichen noch die Geduld aufbrächten, bis sich wirklich etwas ändern und verbessern würde.

Frauen und Kinder müssen beteiligt werden an allen Planungen, wie es mit den Kampagnen und Programmen weitergehen kann. Das ist ihr Recht. Sie darin zu stärken, ist auch die Aufgabe des Netzwerks. Was da an Kreativität aufblüht, erleben wir bald darauf.

## JUNGEN UND MÄDCHEN IN NEUEN ROLLEN

Es geht auf die Landstraße zurück und über eine Piste zu einem Lager, in dem Flüchtlinge des Bürgerkriegs nach ihrer Rückkehr aus Äthiopien angesiedelt wurden und seither in diesem Provisorium als Inlandsflüchtlinge leben. Seit mehr als 20 Jahren warten sie darauf, einen festen Wohnort zu bekommen. Die meisten haben sich in dem Provisorium eingerichtet. Der Staat hat eine Schule gebaut und trägt durch internationale Hilfe zur Grundversorgung der Menschen bei. Für Farhan sind diese Lager ein Nährboden für radikale Gruppen. Die hätten unter diesen Lebensbedingungen leichtes Spiel, junge Leute ohne Perspektive anzuwerben. Die Lager liegen am Rand der Zivilisation. Die Menschen fühlen sich marginalisiert. Statt sich apathisch ihrem Schicksal zu ergeben oder den Verlockungen radikaler Gruppen zu erliegen, haben sich Jugendliche in diesem Lager für einen anderen Weg entschieden. Sie sprechen für sich, nennen die Probleme, die ihnen auf den Nägeln brennen, beim Namen und sind bereit, Verantwortung zu übernehmen. Wir treffen etwa 20 Mädchen und Jungen im Alter von 10-16 Jahren, zusammen mit zwei Lehrerinnen in einer Art Clubraum, den sie sich selbst eingerichtet haben. Es erstaunt mich, dass zur Gruppe Mädchen und Jungen gehören. Sie haben sich auf unseren Besuch vorbereitet und einige ausgewählt, die von ihren Aktivitäten berichten. Weil das Lager außer der Schule keinen Ort für Jugendliche bietet, haben sie eine Fläche als Sportplatz angelegt, um Fußball zu spielen oder etwas Leichtathletik zu betreiben. Eine Umweltgruppe kämpft gegen die Vermüllung des ganzen Lagers. Sie packen selbst an und klauben den vom Wind zerfetzten Plastikmüll aus den Büschen. Er verschandelte das noch verbliebene Grün in dieser knochentrockenen Savannengegend. Mit ihrem persönlichen Einsatz wollen sie Vorbilder sein und andere für den Umweltschutz gewinnen. Sie haben Plakate gemalt und versuchen, auf die Bewohner einzuwirken, mehr Gemeinsinn zu entwickeln und Verantwortung zu übernehmen. Doch das große Thema ist auch hier die Genitalverstümmelung. Auch die Jungen bringen sich mit großem Ernst ein. Sie sind überzeugt, dass es zukünftig auch von ihnen abhängt, diese grausame Tradition zu überwinden. In der Schule darüber zu diskutieren, sei das eine, doch wirksamer sei es, durch Theaterstücke oder Gedichte anderen Jugendlichen das Thema näherzubringen. Das ist ihr Programm.

Aus ihrem Repertoire führen sie uns den Konflikt einer Familie vor zwischen Tochter, Mutter und Vater. Es ist die Mutter, die an der Tradition festhalten will und annimmt, dass der Vater diese noch umso heftiger vertreten würde. Die Mutter hat Sorge, dass die Tochter keinen Mann finden wird, wenn sie sich nicht dieser Sitte unterwirft. Da aber der Vater nicht mehr die ganz harte Linie vertritt, kommt bei der Mutter die Bruchlinie zum Vorschein, die sie schon wegen der eigenen Erfahrungen längst in sich trägt. Beide, Vater und Mutter, wissen von anderen Familien, die sich gegen die Verstümmelung entschieden haben. So treffen sie die Entscheidung, ihre Tochter vor diesem Trauma zu schützen. Im anschließenden Gespräch ist viel von Tradition und Ehre die Rede, aber nie von Religion oder dem Koran. Farhan macht uns darauf noch einmal gesondert aufmerksam, denn das sollte uns später noch beschäftigen. Das Stück zeigt eine „moderne" Familie. Denn traditionell sind Väter in diese Entscheidung gar nicht einbezogen. Dies ist Sache der Mutter, der Großmutter oder auch der Tanten. Die Mädchen im Alter von 8-14 Jahren werden auch nicht vorbereitet oder informiert, sondern diesem Ritual in einer Art Überraschungsangriff unterworfen. Die Tochter spielt sehr eindrücklich die nächtlichen

Albträume und ihre Angst vor dem Angriff der Beschneiderin. Was die Jugendlichen umtreibt, zeigen sie mit diesem Stück. Es ist dem Leben abgelauscht. So deutet das Spiel der Jugendlichen Veränderungen an, die jetzt schon da sind und die sie weiter voranbringen wollen. In aller Dramatik setzt es auf den Diskurs und sucht nach Lösungen aus Überzeugung. Der Dialog zwischen den Generationen und Geschlechtern kann tief sitzende Mentalitäten nachhaltig verändern. Davon sind die Jugendlichen überzeugt. Darin will sie das Netzwerk um Farhan nachdrücklich unterstützen. Wo immer sie mit diesem Theaterstück auftreten, wollen sie Multiplikatoren gewinnen, die das Thema öffentlich machen und Lösungen in ihrem Sinn voranbringen. Die Genitalverstümmelung ist das Grundthema. Darum geht es immer, aber nie isoliert. Für die Jugendlichen steht es im Zusammenhang mit anderen Fragen der Gesundheit, der Bildung und der Umweltverantwortung. Sie haben ihr Thema gefunden und glauben, wie auch Farhan und sein Team, daran, in ihrer Generation einen entscheidenden Schritt gegen diese menschenverachtende Praxis voranzukommen.

## KREIDE UND HACKE – AUS DER WERKZEUGKISTE DER BILDUNG

Wer die Genitalverstümmelung beenden will, muss mit Bildung beginnen. Das ist der Weg des Projekts. Lesen und Schreiben sind wichtige Schritte für die Frauen, aus der Abhängigkeit von Traditionen und familiärer Bevormundung herauszukommen. Doch Bildung geht noch weiter. Am anderen Tag erwartet uns Farhans Kollege Ahmed an einer Straßenkreuzung in der Nähe der Kleinstadt Sheik und lotst uns über sandige Pisten in ein Hochtal hinein. Wir kommen an Feldern vorbei. Hirten weiden Schafe und Ziegen. Kühe stehen angepflockt am Weg. Wir halten im Schulhof eines Dorfes. Die Kinder haben gerade Pause und wir werden zur Attraktion des Vormittags. Die ersten Mutigen wagen sich hervor und fragen unter dem Hallo der anderen: „Your name?" Schallendes Gelächter bei dem Versuch die fremden Namen auszusprechen. Doch dann geht für sie der Unterricht weiter und wir betreten einen Klassenraum, in dem heute Frauen und auch drei Männer zu ihrem Alphabetisierungskurs zusammengekommen sind. Ahmed stellt uns vor und schon geht es wieder um Namen. Die Lehrerin fragt in die Runde, wer seinen Namen nennen und an die Tafel schreiben will. Eine Frau um die 40 Jahre fasst sich als erste ein Herz. Mit noch ungelenker Hand aber deutlich zu lesen, schreibt sie „Amina" an die Tafel. Nun bin ich dran, denn alle wollen wissen, wie wir heißen. Bald steht die Tafel voller Worte und wir lernen von der Gruppe unsere ersten Worte auf Somali. Der Hunger nach Bildung ist groß. Wer aber nach dem Unterricht nur ein karges Mahl vor sich hat, will auch den anderen Hunger stillen. Für Farhan, Ahmed und die anderen braucht Bildung nicht nur Tafel und Kreide, sondern hier auf den Dörfern auch Hacke und Schaufel.

Nach der Schulstunde geht es raus in den Hof. Dort haben sich schon einige Männer und Frauen mit Spaten, Hacken und Schubkarren versammelt. Mit ihnen gehen wir zu einem kleinen Verschlag, in dem noch andere Feldwerkzeuge liegen. Sie erklären uns, dass sie mit der Unterstützung des Projekts, dieses Materiallager angelegt haben. Hier können sich die Bewohner Geräte ausleihen und gleichzeitig durch zwei von ihnen, die schon das nötige Wissen erworben haben, lernen, wie sie auf ihren Feldern bessere Erträge erzielen. Für die meisten Dorfbewohner ist der Ackerbau noch fremd, etwas, das nicht zu ihrer Kultur gehört. Bis vor einer Generation zogen sie als Nomaden mit ihren Tieren durchs Land, immer auf der Suche nach Futter und Wasser. Doch mehr und mehr sind die Familien sesshaft geworden und fristen ihr Leben als Halbnomaden und Ackerbauern. Deshalb haben die Menschen großen Lernbedarf. Seit sie in den Dörfern wohnen, können ihre Kinder zur Schule gehen. Der Staat hat Schulen gebaut. Die Grundschule ist kostenlos. Aber es fehlt an ausgebildeten Lehrern. Da ist viel guter Wille, aber in der Pädagogik und der Ausstattung der Schulen fehlt es noch an vielem. Der Lerneifer der Kinder hat sich auch auf die Erwachsenen übertragen. Einige lernen lesen und schreiben und andere, wie sie ihre Felder besser bestellen können. Wir gehen in die Felder hinein und sehen, wie gut die Sorghopflanzen stehen und Zwiebeln und anderes Gemüse wachsen. Sie haben eine Art Genossenschaft gegründet, um die Felder zu bestellen und die Geräte zu verleihen. Doch das dringendste Problem ist die Wasserversorgung. Die ist ihr ganzer Stolz. Mit Hilfe des Projekts haben sie oberhalb des Dorfes am Hang, der sich zu den Bergen hinaufzieht, unterirdische Kavernen angelegt. In der Regenzeit haben sie beobachtet, welche Wege ins Tal das Wasser nimmt. Genau dort, wo sich viele kleine Ströme sammeln, haben sie Kanäle gegraben, die das Wasser in die ausgemauerten Kavernen leiten. Mit einem Dach schützen sie es vor Verschmutzung und Verdunstung. Durch eine Luke, mit zwei Schlössern gesichert, hat man Zugang zum Wasser. Die Schlüssel verwahren einer der Dorfältesten und eine weitere Vertrauensperson, der auch die Pflege der Kavernen anvertraut ist. Auf den Betonrand hatte jemand während der Bauzeit in den damals frischen Beton „Kindernothilfe" geschrieben als Dank und, wer weiß, für welche Zeit als Erinnerung an diese Zusammenarbeit. Das Wasser können sie durch Kanäle auf die Felder leiten, die so angelegt sind, dass sie die Feuchtigkeit lange halten können. Aber sie nutzen es auch gefiltert als Trinkwasser, wenn die Brunnen im Dorf versiegen.

## EINDRÜCKE AUF DER REISE

Die Tageszeit ist schon fortgeschritten. Die Sicherheitsleute drängen zum Aufbruch. Sie wollen uns vor Einbruch der Dunkelheit an einem sicheren Ort wissen. Die Hafenstadt Berbera ist unser Ziel für die Nacht. Doch Ahmed besteht darauf, zuvor dem Bürgermeister von Sheik einen Besuch abzustatten. Längst wird er wissen, dass wir in den Dörfern unterwegs sind. So ist der Besuch mehr als eine Geste der Höflichkeit. Das Projekt braucht den politischen Schutz, wie auch die lokale Politik Erfolge verbuchen will im Kampf gegen Mangelernährung und Analphabetismus. Der Bürgermeister fragt uns nach unseren Eindrücken vom Land, will etwas über uns und Kindernothilfe erfahren. Dass wir aus Deutschland kommen, freut ihn sichtlich. Ihn treibt die Frage um, wo und wie die vielen jungen Menschen in der Region ein Auskommen finden und dort wohnen bleiben können, statt in die Städte oder ins Ausland abzuwandern. Für unsere Partner war der Besuch wichtig, um ihre Position transparent zu machen. Das beugt Misstrauen und Fehlinformationen vor, die schon manches Projekt vergiftet haben.

Zügig geht es nun vom Hochplateau herunter in die Küstenregion auf Berbera zu. Wir kommen an der Ruine einer Zementfabrik vorbei, wo schon lange niemand mehr arbeitet. Was da vor sich hinrostet, macht die Sorgen des Bürgermeisters verständlich. Etwas außerhalb der Stadt finden wir Quartier in einem Bungalowhotel, das noch im Aufbau ist. Sollte es hier je einmal Tourismus geben, könnte das am Strand des Golfs von Aden gelegene Hotel einmal eine gute Adresse werden. Wir wagen uns an den Strand, strecken die Füße ins Wasser, gut bewacht von den beiden Soldaten, die aus diskreter Entfernung ein Auge auf uns haben. Außer uns sind sechs Engländer im Hotel untergebracht, die im Hafen eine technische Anlage aufbauen. Ein Feierabendbier gibt es weder für sie noch für uns, denn Alkohol ist in diesem muslimischen Land verboten. Am anderen Morgen fahren wir zum Fischereihafen. Mehr als zwanzig Jahre sind seit dem Bürgerkrieg vergangen, doch seine Spuren hat er hier besonders stark hinterlassen. Zerschossene Häuserfronten, leere Auktionshallen oder verblichene Hinweise auf Fischrestaurants lassen ahnen, dass es hier einmal bessere Zeiten gab. Ein von Gewehrkugeln durchsiebtes Militärfahrzeug hängt in einer zerbrochenen Wand. Draußen im Wasser liegen Schiffwracks, die wohl niemand mehr bergen oder gar reparieren will. Über eine Kaimauer führt ein holpriger Steg zu einem Anlegeplatz. Dort liegen kleine Kutter, die Fische anlanden, wie wir sie noch nie gesehen haben. Als wir die Fischer darauf ansprechen, fragen sie uns lachend, ob wir nicht mit ihnen ins Geschäft kommen und die Fische nach Europa exportieren wollen. Da schwingt Wehmut mit über das, was einst war und doch auch die Zuversicht, dass es irgendwie weitergehen wird. Andere sind da schon weiter. Um Berbera herum sehen wir größere und kleinere Herden von Schafen und Kamelen. Sie sind auch auf dem Weg zum Hafen. Dort werden sie von Händlern, von denen einige darüber reich geworden sind, aufgekauft und nach Saudi-Arabien oder in die Golfstaaten exportiert. Dieser Handel, wie andere Geschäftsbereiche auch, liegt oft in den Händen von ehemaligen Exilsomaliern, die im Ausland zu Geld gekommen sind und nun zurückgekehrt Handel und Gewerbe in Somaliland aufbauen. Die sogenannte Diaspora ist über die ganze Welt verstreut und trägt mit ihren Überweisungen an die Familien im Land ganz erheblich zur wirtschaftlichen Entwicklung Somalilands bei. Der Einfluss der Diaspora wird von einigen auch kritisch gesehen. Genauso wie der Tierhandel, der an die Kolonialzeit erinnert. Schon immer war Somaliland der Fleischlieferant für arabische Staaten. In der britischen Kolonialzeit nannte man Somaliland auch „die Metzgerei Adens", weil es die britischen Militärstützpunkte in Aden und an anderen Orten mit Fleisch versorgte.

Die Stunde mit den Fischern war entspannt trotz der sichtbaren Zerstörungen des Bürgerkriegs. Jenseits des Fischereihafens ragen die Anlagen des Handelshafens in die Höhe, ankern Containerschiffe und liegen die Treibstofftanks für die Tankstellen und die wachsende Zahl der Autos. Baustellen sehen wir überall, so als wollte das Land allen beweisen, dass es auf einem guten Weg ist. Viele Somalis empfinden das auch so. Besonders dann fühlen sie sich herausgefordert, wenn von außen bestritten wird, dass sie sich als ein eigener Staat verstehen. Politisch ist das ihr größtes Problem. Ihr Staatsgebiet umfasst das einstige britische Protektorat Somaliland (1867-1960), das nördlich an Djibouti und im Westen an Äthiopien grenzt. Im Jahr 1960 hatte es sich mit dem italienischen Somaliland vereinigt und als somalische Republik, dann bekannt unter dem Namen Somalia mit der Hauptstadt Mogadischu, einen unabhängigen Staat ausgerufen. Im Bürgerkrieg wurden die Städte Somalilands, besonders Hargeysa und Burao, 1988 bombardiert. Dabei kamen 50.000 Menschen ums Leben und Hunderttausende flohen in die Nachbarländer. Der Staat Somalia zerfiel und weite Gebiete gerieten unter die Herrschaft von Warlords, Milizen und islamistischen Terroristen wie Al Shabaab. Da erklärte sich Somaliland 1991 zu einer unabhängigen und autonomen Republik. Der Entscheidung war eine *„guurti"*, eine traditionelle Konferenz aller Clanältesten vorangegangen. Die heute etwa 3,5 Millionen Einwohner leben in einem Land, das etwa doppelt so groß ist wie die Beneluxländer, in einem Staatswesen, das nach englischem Vorbild ein Parlament mit zwei Kammern hat: die vom Volk gewählten Abgeordneten politischer Parteien und im „Oberhaus" die Clanältesten. Wahlen zum Parlament wie auch Präsidentschaftswahlen finden alle fünf Jahre statt und dies nicht nur auf dem Papier der Verfassung, sondern tatsächlich. In Somaliland wurden durch Wahlen Präsidenten abgelöst, ohne Putsch, Verbannung oder Mord, ein seltenes Vorbild in Afrika. Politische Konkurrenzen und Spannungen unter den drei Parteien oder Kandidaten für Regierungsämter, die es zum Beispiel 2015 um die Präsidentschaftswahlen gab, konnten bisher im politischen Diskurs bearbeitet und beigelegt werden. Die Debatte um die Vereinbarkeit von traditionellem Recht, einem auf den Menschenrechten aufgebauten Rechtsverständnis und der Bedeutung einer demokratischen Verfassung und Gesellschaft ist noch voll im Gang. Mit der Verfassung von 2001, den verfassungsgemäßen Organen, dem Somalia-Schilling als Währung, einer Armee, Fahne und Hymne, einem mobilen

Telefonnetz und vielem mehr, sind die Voraussetzungen eines selbstständigen Staatswesens gegeben. Die Verfassung garantiert als vierte Gewalt eine freie Presse. Doch kritischer Journalismus muss trotzdem mit Repressalien rechnen. Die Grausamkeiten des Krieges haben sich tief in das kollektive Gedächtnis Somalilands eingegraben. Sie haben auch dazu beigetragen, dass Somaliland nach 1991 auf sich gestellt, ohne internationale Anerkennung und Unterstützung seinen Weg finden musste. Dies mag mit einer der Gründe seines stetig, wenn auch langsam, wachsenden Erfolgs sein. Dennoch fragen sich in Somaliland viele, warum nach dem Zerfall Jugoslawiens die dann entstandenen Staaten so schnell anerkannt wurden oder der ihnen näher liegende Südsudan die Anerkennung zugesprochen bekam, die ihnen bis heute verweigert wird. Das übrige Somalia sieht in der Unabhängigkeit einen Vertragsbruch und besteht auf der Integrität des ganzen Landes. Diese Sicht, die auch international gilt, verhindert, dass andere Staaten Somaliland anerkennen, obwohl gerade auch europäische Staaten und die USA wahrnehmen, dass Somaliland ein Faktor der Stabilität in dieser Region ist. Daher gibt es jenseits der offiziellen Anerkennung auch politische und wirtschaftliche Förderprogramme für das Land und seine Bevölkerung. Dies war in der Vergangenheit besonders wichtig, da der Grenzverlauf zwischen dem im Osten sich anschließenden autonomen „Puntland" und Somaliland umstritten ist.

Mit Burao sind wir schon sehr weit Richtung Osten unterwegs. Auch hier ist das kleine Hotel zur Straße hin von bewaffneten Wachposten und Eingangssperren gesichert. Doch im Zaun im hinteren Teil des Geländes gibt es Schlupflöcher, die nicht nur den Ziegen offen stehen. Jedes Hotelzimmer ist ein kleiner Bungalow, bescheiden aber solide eingerichtet. Nach Mekka ausgerichtet ist eine Gebetsnische, die mit einem Koran und Gebetsteppich ausgestattet ist. Ich fühle mich einigermaßen sicher, vielleicht auch, weil ein einheimischer Geschäftsmann im Gespräch am Abend versichert, dass es erst

150 Kilometer weiter östlich gefährlich würde. Da führe auch er nicht hin. Von Puntland und den angrenzenden Gebieten aus operierten in den vergangenen Jahren Piraten, die weit über den Golf von Aden hinaus hunderte Handelsschiffe in ihre Gewalt brachten. Dass diese Piraterie nachgelassen hat, daran hat auch die Regierung von Somaliland ihren Anteil. Am Strand in Berbera konnte ich die Schiffe draußen im Golf von Aden sehen. Mit dem Blick über das Meer denke ich an Seeleute, die mir in den 70er- und 80er-Jahren von Überfällen und Piraterie vor den Küsten Nigerias und Kameruns erzählten. In den Jahren als Seemannspastor im kamerunischen Hafen Douala hatte ich viele Geschichten gehört und erlebt, was solche Überfälle in den Seelen der Seeleute anrichteten. Ihre Angst vor der Piraterie ging mir sehr nahe und ist hier am Golf von Aden plötzlich wieder da. Piraterie ist so alt wie die Seefahrt selbst. Sie ist Kriminalität auf dem Meer. Als Erklärung reicht nicht aus, dass internationale Fischfangflotten den einheimischen Küstenfischern die wirtschaftliche Existenz rauben. Soviel daran richtig ist, so falsch ist es, damit die Piraterie zu rechtfertigen. Vor Puntland ist sie zu einem Geschäftsmodell geworden, das einige zu Millionären gemacht hat, und die, die vorher arm waren, sind es auch geblieben.

## MENSCHENRECHTE POLITISCH ERKÄMPFEN UND VERTEIDIGEN

Zu den äußeren Risiken im Land kommen auch innere. Die wirtschaftliche und politische Dynamik ist, wie mir Farhan sagt, das eine. Doch auf der anderen Seite kommt das Land nur im „Gang der Schildkröte" voran. Er meint damit die Korruption, die an Recht und Gesetz vorbei augenscheinlich manches beschleunigt, aber letztlich zu Misswirtschaft und Rechtlosigkeit führt. Einer seiner Kollegen bemerkte lakonisch: „Manchmal ist das Gesetz in unserem Land ein 50-Dollar-Schein." Aber auch eine selbstgefällige Bürokratie lähmt manche Initiativen. Narkotisierend auf die Leistungsfähigkeit der Männer wirkt sich auch der landesweite Konsum der überall erhältlichen Droge *Khat* aus. Wer durch Somaliland reist, sieht viele grüne Hütten entlang der Straßen. Hier holen sich die Männer ihre tägliche Ration, die sie ab dem frühen Nachmittag kauen und damit für den Rest des Tages nur bedingt einsatzfähig sind. Der hohe Verbrauch von Khat ist auch ein Spiegelbild der Armut und Arbeitslosigkeit. Das trifft natürlich nicht auf alle Männer zu, aber gesellschaftlich akzeptiert und zur „Kultur" gehörend, wie es manche meinen, dämpft der verbreitete Konsum von Khat die Produktivität. Die Kleinhändler verdienen damit ihren Unterhalt. Den großen Gewinn streichen äthiopische Großhändler ein, deren Jahresumsatz mit Khat auf 60 Millionen Dollar geschätzt wird, eine Verdienstspanne, die es ihnen leicht ermöglicht, die grünen Pflanzen Nacht für Nacht über die Grenze zu schmuggeln. Wie gravierend diese Volksdroge auch in die Familien hineinwirkt, sagten einige der Frauen bei dem Festakt in Burao. Sie zählten zu den größten sozialen Problemen des Landes die Genitalverstümmelung, den Analphabetismus und den Konsum von Khat. Sie sahen das eine mit dem anderen verbunden und richteten ihren Kampf gegen alle drei Probleme. Die Frauen entwickeln mehr und mehr eine gesellschaftliche Kraft, die subversiv viele Lebensbereiche erreicht hat und durchdringt, zwar noch keine gesamtpolitische Bedeutung erlangt hat, aber auf dem besten Weg ist, ihre Interessen offen und deutlich zu vertreten.

Denn die Frauen wollen mehr für sich und ihre Kinder. Sie wollen ein Gesetz, das die Genitalverstümmelung verbietet und unter Strafe stellt. Dabei haben sie die Verfassung des Landes auf ihrer Seite. Sie anerkennt in Artikel 10 die Gültigkeit der Menschenrechte, untersagt jede geschlechtsspezifische Diskriminierung und fordert in Artikel 36 eine gesetzliche Regelung gegen alle Praktiken, die der Scharia widersprechen und schädlich sind für Frauen und ihre Würde. Der Vorbehalt der Scharia ist eine Einschränkung und kann eine Einfallstor sein, die Verfassungsrechte in der Durchführung wieder zu unterlaufen. Die Gefahr ist da.

Nach einer sicheren Rückkehr in die Hauptstadt – unsere Begleiter waren am Ortseingang so schnell verschwunden wie sie Tage zuvor gekommen waren – treffen wir am nächsten Vormittag eine Parlamentariergruppe, die an einer Gesetzesvorlage arbeitet, Genitalverstümmelung zu verbieten und unter Strafe zu stellen. Lebhaft erzählen sie von ihrer Strategie. Mit großer Beharrlichkeit sind sie dabei, mit ihren Parlamentskollegen Gespräche zu führen. Bevor überhaupt daran zu denken ist, diese Vorlage ins Parlament zu bringen, müssen zuvor Schlüsselpersonen gewonnen werden. Das gilt auch für die Clanchefs, die im Oberhaus sitzen. Zum Zeitpunkt der Reise gibt es unter den 82 Mitgliedern nur eine Frau im Unterhaus. Unsere Gruppe ist sich einig in ihrer Haltung der „Null-Toleranz" gegenüber allen Praktiken der Genitalverstümmelung. Sie berufen sich dabei auf Vorlagen aus dem Arbeits- und Sozialministerium, die ebenfalls die Null-Toleranz-Politik fordern. Sie betonen ausdrücklich, dass unter der Scharia Genitalverstümmelung verboten ist. Sie verstehen die Genitalverstümmelung als eine Art der Gewalt gegen Frauen und Mädchen im Zusammenhang mit der Frühverheiratung, die oft straflos bleibt. Ich bewundere ihre Geduld. Uns bleibt nur, ihnen diese weiterhin zu wünschen. Doch Farhan und seine Kollegen versichern ihnen ihre Unterstützung und Zusammenarbeit.

Welcher Gewalt Frauen ausgeliefert sind, erleben wir kurz darauf im Hargeysa Group Hospital. Schon am Eingang weist ein Schild darauf hin, dass das Mitbringen von Waffen, Explosivstoffen und Drogen verboten ist. Drinnen treffen wir einen Arzt, der nach Jahren in Europa nun in seine Heimat zurückgekehrt ist, um hier Frauen und Kindern zu helfen, denen körperlich und seelisch Gewalt angetan wurde. In Deutschland hatte er einst Rupert Neudeck, den Gründer von Cap Anamur, kennengelernt. Kindernothilfe unterstützt in diesem Krankenhaus eine

Beratungsstelle für vergewaltigte Frauen. Sie werden medizinisch behandelt, psychologisch begleitet und erfahren Hilfe und Heilung. Das besondere ist aber die Einrichtung eine Rechtsberatung, die nach einer Vergewaltigung unmittelbar mit der Polizei zusammenarbeitet, um die Täter zu ermitteln. Dieses Angebot hat sich mittlerweile herumgesprochen und ermutigt Frauen, so schnell wie möglich nach einer Vergewaltigung zum Krankenhaus zu kommen. Das war in einigen Fällen schon erfolgreich. Täter konnten ergriffen werden. Damit wird das Schweigekartell der Straflosigkeit durchbrochen, so ist zumindest der Plan. Ob es ein dauerhafter Erfolg wird, muss sich noch zeigen.

Die Studie eines im Jahr 2014 von Kindernothilfe und dem UN Development Programme (UNDP) gemeinsam finanzierten Netzwerks nennt die erschreckende Zahl, dass 99,8 Prozent der Frauen in Somaliland unmittelbar von Genitalverstümmelung betroffen sind. Unicef geht davon aus, dass davon wiederum zwischen 80 und 98 Prozent die schlimmste Form, die sogenannte pharaonische Form, erleiden. Das macht das Ausmaß dieses gesellschaftlichen Problems der Unterdrückung von Frauen und Mädchen deutlich und zeigt zugleich die gewaltige Anstrengung, die noch geleistet werden muss, bis diese Praxis einmal ein Ende haben wird. Was sich von Generation zu Generation vererbt hat, ist sehr widerständig gegen alles, was die Gültigkeit dieses Rituals infrage stellt. Dies gilt umso mehr, wenn solch eine Tradition als Teil der Religion verstanden wird. Dass dieses Ritual zum Islam gehört, ist in Somaliland eine weit verbreitete Meinung, aber nicht offizielle Politik oder theologische Lehre. Der Islam ist Staatsreligion. Religionsfreiheit gibt es nicht und Mission, von welcher Religion auch immer, ist nach Artikel 5 der Verfassung verboten. Daher ist es für mögliche Änderungen wichtig, Deutungshoheit über das Verständnis dieser Frage im Islam zu gewinnen. Die Parlamentarier hatten schon berichtet, dass auch der Religionsminister die Null-Toleranz-Politik unterstützt.

Wir sind froh, dass auch er Zeit für uns hat. Zwar müssen wir lange warten, weil sich das Gespräch mit anderen Besuchern hinzieht. Kaum sind sie gegangen, ruft der Muezzin. Während der Minister zum Mittagsgebet eilt, erfrischen wir uns mit gekühltem Wasser. Doch dann beginnt mit dem Minister Sheik Khaliil Abdhllahi Ahmed ein spannendes Gespräch. Wir bekommen Informationen aus erster Hand. Es ist für uns eine Lehrstunde in islamischer Theologie. Genitalverstümmelung ist keine vom Koran geforderte und gedeckte Glaubenshaltung. Er zitiert die Suren 32,9 und 95,4, die lehren, dass Allah die Menschen gut geschaffen hat und sie ihren Körper unversehrt bewahren sollen. Er erwähnt mehrfach die Fatwa der in Lehrmeinungen wichtigen Al-Azhar Universität in Kairo. Dort ist festgehalten: „Weibliche Genitalverstümmelung ist eine ererbte Unsitte, die in einigen Gesellschaften praktiziert und von einigen Muslimen in mehreren Ländern in Nachahmung übernommen wurde, dies ohne textliche Grundlage im Koran, respektive einer authentischen Überlieferung des Propheten." In Somaliland aber muss er damit leben, dass weder er noch ein anderer Geistlicher in der Autorität eines Großmuftis auftreten kann, der eine verbindliche Fatwa verkündet. In Somaliland gibt es ein gleichberechtigtes Nebeneinander verschiedener Traditionen, wobei die sunnitische Lehre, geprägt durch die Sufi-Tradition, am weitesten verbreitet ist. Auf die Gesamtheit gesehen gilt der Islam in Somaliland als moderat. Dass Kindernothilfe ein Kreuz im Logo trägt, scheint den Religionsminister nicht zu irritieren. Er spricht es nicht an, obwohl er sicherlich unsere christliche Herkunft kennt. Er akzeptiert uns und die Partnerschaft mit dem Netzwerk, das wir unterstützen. Er sucht den Dialog in der gemeinsamen Aufgabe. Er selbst führt ihn auch nach innen mit den Imamen, für die er zuständig ist. Das Religionsministerium bietet Seminare an für die Religionsvertreter, um mit ihnen zu diskutieren und sie von der Position der Null-Toleranz zu überzeugen. Auch das Netzwerk organisiert Seminare. 2013 hat es 30 Veranstaltungen durchgeführt und über 600 Imame erreicht. Dabei geht es um das Verständnis des Koran wie auch der authentischen Worte des Propheten, die sogenannten Hadithen. Eine der Hadithen schildert die Begegnung des Propheten mit einer Beschneiderin. Er verbietet ihr nicht, was sie tut, sondern ermahnt sie: „Übertreibe nicht, zerstöre nicht." Dies ist ein Hinweis, dass es sich hier um eine vorislamische Tradition handeln muss, die der Prophet zu seiner Zeit schon angetroffen hat. Die Hadithe gilt in der Hierarchie dieser Worte als *„daif"*, als schwach. Dennoch dient sie dem Religionsminister als ein Weg, um von der jetzigen Praxis über Zwischenstufen zur Null-Toleranz zu kommen.

Hier wittern Farhan und sein Team die Gefahr, das Ziel aus dem Auge zu verlieren und sich zu schnell mit sogenannten „milderen" Formen, in Somaliland *„sunna"* genannt, zufriedenzugeben. Sunna hat nichts mit der islamischen Glaubensrichtung der Sunniten zu tun, sondern bedeutet übersetzt „klein". Manche sprechen davon, durch eine symbolische Form des Rituals der Tradition zu genügen. Andere überlegen, dem Bedürfnis nach einem solchem Passageritus durch ein ganz anderes Fest Raum zu geben, das das Selbstvertrauen der Mädchen stärkt. Die Seminare des Ministers, auf Diskussion und Überzeugung angelegt, brauchen den heilsamen Druck der Frauen und der Organisationen, die endlich eine gesetzliche Regelung erreichen wollen. Diesen will das Netzwerk mit den Frauen aufrechterhalten. Sonst ist die Gefahr zu groß, hinter das Erreichte zurückzufallen. Die Menschenrechte müssen klar und unmissverständlich in nationales Recht übernommen werden.

Bisher ist es ein Ringen um die Deutungshoheit innerhalb von Tradition und Religion. Die Grenzen sind eng, können aber hoffentlich durch das Engagement unserer Partner, vieler Frauen und Mädchen und mit Hilfe der Politik erweitert werden. Dennoch bleibt Somaliland ein islamischer Staat. Religionsfreiheit gibt es nicht. Es gibt aber Spuren, die zeigen, dass es in britischer Zeit und vielleicht in den ersten Jahren danach auch Christen in Somaliland gab.

In der Nähe zum Regierungsviertel liegt hinter hohen Mauern ein Kirchengebäude. Man muss schon genau hinschauen, um es zu entdecken. In seiner Architektur erinnert es an eine englische Dorfkapelle. Das Tor zum Gelände ist verschlossen. Farhan meint, dass es auf der Rückseite zwischen den angrenzenden Hütten und Häusern eine kleine Tür gäbe. Wir können sie nicht finden. Auch die Anwohner können oder wollen uns nicht weiterhelfen. Gerne hätten wir das Gelände betreten und vielleicht sogar die Kirche selbst. Wieder auf der Straße zurück fragt Farhan einen Jungen, wie man auf das Grundstück gelangen könne. Er sagt: „Klopft doch einfach mal an das Tor." So einfach können Lösungen sein. Das erledigt er dann für uns. Kurz darauf öffnet eine hagere Gestalt und lässt uns hinein. Auf dem großen Gelände liegen weiter hinten ein verlassenes Wohnhaus und ein Schuppen. Ziegen weiden um die Kirche herum. Für die Kirche habe er keinen Schlüssel, man könne sie nicht betreten, meint der Mann, der sich als Wächter vorstellt. Vor einigen Jahren wäre hier eine Hilfsstation der Caritas gewesen und ein Italiener habe hier gewohnt. Aus Italien bekäme er immer noch ein kleines Gehalt. Mehr können wir nicht herausfinden. Mich beeindruckt, dass die kleine Enklave respektiert wird und die Kirche noch steht. Schon in Burao haben wir etwas Ähnliches erlebt, als uns die Partner dort das „German Quarter" zeigen. In den 60er-Jahren hatte Deutschland als Entwicklungshilfe durch die damalige Gesellschaft für Technische Zusammenarbeit (GTZ) einen großen Schulkomplex gebaut, der auf die berufliche Bildung mit Werkstätten ausgerichtet war. Vor diesen Gebäuden, von denen einige wieder neu genutzt werden, steht ein sakrales Bauwerk. Die Partner aus Burao sagen, dass das früher die Kirche für die Deutschen gewesen wäre, die als Lehrer und Experten in der Schule gearbeitet hätten. Bei unserem Besuch wird das Gebäude renoviert und ist deutlich als Moschee markiert. Der kleine Turm ist nun das Minarett und ein Bauschild verweist darauf, dass die Renovierung von der Organisation Islamic Relief Great-Britain finanziert wird. Das

Gebäude erinnert in seiner Architektur durchaus an den Stil von Kapellen und Kirchen, wie sie auch in Deutschland in diesen Jahren gebaut wurden. Beide Begegnungen und Beobachtungen lassen mich nachdenklich zurück. Gesicherte Auskünfte sind das alles nicht, aber vielleicht für die Zukunft Somalilands auch mehr als nur steinerne Zeugen der Vergangenheit. Es können ja auch Steine sein, die eine Botschaft wach halten, wo die anderen Stimmen verstummen (siehe Lukas 19,40). In Hargeysa verabschieden wir uns bald von dem freundlichen Wächter. Ich merke Farhan an, dass es ihm recht ist und Zeit wird, zum nächsten Termin aufbrechen zu können.

Wir treffen uns mit dem Vizepräsidenten Abdirahman Abdillahi Ismail in seinem Amtssitz. Für ihn ist Genitalverstümmelung eines von vielen noch ungelösten Problemen in seinem Land. Der Kampf gegen die Bildungsarmut hat für ihn Vorrang. Nach seiner Auskunft besuchen 49 Prozent der Kinder keine Schule. Der Zugang zu sauberem Trinkwasser als Voraussetzung eines gesunden Lebens ist in den meisten Haushalten nur temporär oder gar nicht möglich. Die Gesundheitsversorgung auf dem Land hat noch große Lücken. Allein 2009 kamen auf 100.000 Geburten 1.200 Todesfälle bei Müttern. Mit 72 Todesfällen bei 1.000 Geburten ist auch die Säuglingssterblichkeit sehr hoch. Für ihn ist der Kampf gegen die Genitalverstümmelung Teil einer breit angelegten Strategie in der Überwindung von Armut und Gewalt. Was er in seiner Gesamtverantwortung sieht, kann nur gelingen, wenn Organisationen und Netzwerke wie die von Farhan und seinem Team auch die Freiheit behalten zu arbeiten und die Politik bereit ist, das zivilgesellschaftliche Engagement anzuerkennen und zu fördern. Denn das macht eine demokratische Gesellschaft aus. Hier können in der Zukunft noch Konflikte auftreten, die sich beim Besuch des Sozialministers andeuteten. Ob Kindernothilfe seine finanzielle Unterstützung nicht gleich dem Ministerium geben würde, taucht plötzlich als Frage auf. Farhan nimmt den Ball sofort auf und sagt, dass das Netzwerk mit den Zielen des Staates übereinstimme, durch Gesetze seinen Rückhalt brauche, aber kostengünstiger als der Staat arbeite und sehr dicht an den Menschen sei. Das überzeugt die Ministerialbeamten nicht ganz, auch nicht mein Hinweis, dass Kindernothilfe keine staatliche Einrichtung sei, sondern als freies Werk, vergleichbare Partnerorganisationen in ihrer Arbeit unterstütze. Farhan fügt an, dass der Bürgermeister von Sheik ausdrücklich die Arbeit in den Dörfern als wichtigen Beitrag im Kampf gegen die Armut gelobt hätte. Wo Geld im Spiel ist, wachsen Begehrlichkeiten und Konkurrenzen. Doch zum zivilgesellschaftlichen Engagement gehören auch Wachsamkeit und Mut. Beides kommt wie in Somaliland von den Frauen, die ihren Weg gehen und nicht um Hilfe bitten, wie eine es ausgedrückt hat, sondern sich gegenseitig Kraft geben auf einem Weg, der noch weit ist.

## EIN ALTES FOTO UND NEUE WEGE

Wo solche Wege einmal herkamen, sehe ich am Abend in meinem Hotelzimmer. Dort hängt in einem Bilderrahmen ein historisches Foto mit der Bezeichnung „Carl Hagenbeck's Tierpark, Somalia", irgendwann aufgenommen in den Jahren um die Jahrhundertwende vor dem Ersten Weltkrieg. Es verblüfft mich sehr, hier ein Foto aus der deutschen Kaiserzeit zu sehen. Es zeigt fünf somalische Männer mit Lendentüchern bekleidet und Speeren in der Hand vor einer Strohhütte. Sie sind wie die exotischen Tiere des Hagenbeck'schen Tierparks Ausstellungsobjekte für die Besucher. Leider kann ich zur Herkunft des Fotos im Hotel keine Auskunft erhalten. Mehr als hundert Jahre liegen zwischen dem Foto und unserem Besuch. Was mögen die Männer damals gedacht haben, wenn die flanierenden Menschen sie begafften und bestaunten? Wie tief wirken solche Bilder auf uns ein und haben Mentalitäten geprägt, die wir rational überwunden glauben und die doch im Unterbewusstsein noch ihren Einfluss haben?

Am letzten Abend feiern wir ein Fest. Es ist ein geschützter Raum und viele Mitarbeiterinnen und Mitarbeiter aus den Organisationen des Netzwerks sind dabei. Eine Tanzgruppe von vier jungen Frauen und Männern hat Farhan eingeladen. Sie tanzen traditionelle Tänze. Als Männer und Frauen gehen sie im Tanz ganz ungezwungen miteinander um, ganz anders, als es in der Öffentlichkeit möglich ist, wo Männer und Frauen voneinander getrennt sind. Für Farhan ist das alles neu. Ahmed, der bedeutend älter ist, erzählt von Zeiten, in denen die traditionellen Feste gute Möglichkeiten für Jungen und Mädchen waren, sich zu begegnen. Das sei jetzt vorbei. Dann werden wir nach vorne gebeten und auf somalische Weise traditionell eingekleidet. Ich trage ein Gewand, ein langes Messer aus Holz im Gürtel und Sandalen, die so steif sind, dass ich nicht drin gehen kann. Dann sitzen wir da, bestaunt und beklatscht. Farhan lacht und freut sich, dass wir den Spaß mitmachen und diese Geschenke annehmen. Ich muss an das Foto in meinem Zimmer denken, an die Männer, die damals entwürdigt und ausgestellt wurden. Jetzt sind wir hier auch für einen Moment ausgestellt und doch hinein genommen für ein paar Tage in das Leben von Farhan und seinen Kolleginnen und Kollegen, und an diesem Abend werden wir als Partner geehrt. Und dann drehen sie die Musik auf und alle tanzen, wie sie es seit Jahren nicht getan haben. Da muss die Welt mit ihren Problemen für kurze Zeit draußen bleiben. Und Farhan sagt: „Jetzt sind wir alle glücklich." Jetzt ist jeder ein „Farhan", so wie er.

## KINDERRECHTE

„Kinderrechte machen Menschen groß". Diesen eindrucksvollen Satz las ich auf einem Plakat in Frankreich: „Les droits de l'enfant grandissent les hommes." Es warb für die Kinderrechte. Im Spiel der Worte klingt an, dass Kinderrechte Menschen heranwachsen lassen und ihnen zugleich Größe und Würde geben. Wo sie Kinder schützen, fördern und ermutigen, sich mit ihren Gaben und Meinungen einzubringen, wird eine humane Gesellschaft Wirklichkeit. Sie bleibt das Ziel. Nur selten geht es dabei mit großen Schritten voran. Es sind die vielen kleinen, die zählen. Was sie erreichen, nimmt manchmal vorweg, was noch aussteht. Das ist es, was ich auf meinen Wegen erfahren habe und weitergeben will.

Meine Reisen zu Diego, Shamah, Jocelyn, Chitra und Farhan habe ich in Deutschland begonnen. Dorthin kehrte ich auch zurück. Für kurze Zeit, aber meistens ganz intensiv, bin ich aus meiner in ihre Welt gekommen. So gut es möglich war, habe ich mich unterwegs auf ihr Leben eingelassen. Ich habe mit den Kindern und Erwachsenen geredet, gegessen, gespielt, gesungen und gebetet, wo es zu ihrem Leben gehörte. In meinen Tagebüchern habe ich aufgeschrieben, was mir zu Herzen ging, auch die Situationen, in denen mich Leid und Not stumm machten. Was ich in diesen Jahren erlebt habe, trage ich in mir. Ich bin dankbar, dass ich die Möglichkeit hatte, das Leben der Kinder und die Projekte kennenzulernen. Es wäre weit übertrieben zu sagen, ich hätte die Welt mit ihren Augen sehen können. Aber die vielen Augenblicke in ihrer Welt lassen mich das Leben um mich herum mit anderen Augen anschauen. Mit jeder Reise verschränken sich die Erfahrungen immer mehr. Ich erlebe in mir die „*eine* Welt" als Nähe und Ferne zugleich. Das ist bei weitem nicht immer harmonisch, wenn ich den Lebensstil zu Hause vor dem Leben in Armut rechtfertigen will. Auch melden sich Wut und Enttäuschung, wenn die Erfolge eines Projekts unter Profitgier von Bulldozern niedergewalzt werden wie das Kinderzentrum Sinéas in Haiti. Der Kampf gegen die Armut braucht langen Atem. Er hat Erfolge, kommt aber nie zu einem Ende. Dennoch lohnt sich dieser Einsatz für und mit den Kindern. In Honduras fasste eine Sozialarbeiterin der Casa Alianza die Philosophie des Projekts mit den Worten zusammen: „Dies ist kein Projekt für Arme, sondern von Kindern und Jugendlichen, die aus der Armut herauswollen." Das ist die Kraft, auf die es ankommt, die, um es biblisch zu sagen, als „Gottes Kraft in den Schwachen mächtig ist" (2. Korinther 12,9). Es ist die Kraft, die Chitra in den Frauen zum Leben erweckt, deren Lebensmut im Feuer fast verbrannt wurde. Sie spricht ihnen Würde zu, die ihnen niemand nehmen kann. Eltern, die sich in Chikuni mit dem kargen Leben arrangiert haben und dann an ihren Kindern entdecken, mit welcher Freude sie die Gärten anlegen, sagen voller Stolz: „Unsere Kinder sind unsere Lehrer." Jocelyn gibt nicht auf, an ihre Zukunft zu glauben und sucht eine neue Schule, obwohl sie in ihrem jungen Leben schon zweimal erlebt hat, wie eine Schule vom Erdboden verschwindet. Farhan weiß, das eine jahrtausendealte Tradition nicht in wenigen Jahren verschwinden kann. Allen Widerständen zum Trotz behält er das Ziel im Auge.

Die Reisen sind anstrengend und doch sammle ich auf jeder Reise Kraft. Von den Kindern, aber auch von den Männern und Frauen, die in den Projekten arbeiten, nehme ich ganz viel Mut mit nach Hause. Und hier bin ich nicht allein. Was Kindernothilfe weltweit mit den Partnern voranbringt, verdankt sie dem Einsatz von vielen Menschen. Auch das macht Mut. Was den Kindern in der Welt wichtig ist, ihre Not und ihr Mut, die Gewalt, unter der sie leiden und die Gerechtigkeit, auf die sie hoffen, der Hunger, der ihnen wehtut, und das Heim, das sie schützt, das alles bewegt Menschen in Deutschland, Österreich, der Schweiz und Luxemburg – Länder, in denen Kindernothilfe ihre Arbeit plant und um Spenden bittet. Kindernothilfe bringt Menschen zusammen. Wir sind Mittler zwischen den Welten. Viele Menschen wollen nicht tatenlos zusehen, sie loten aus, was sie tun können. Mit Geld, auch kleinen Beträgen, an der richtigen Stelle eingesetzt, kann oft Großes bewirkt werden. Ja, Geld spielt immer eine Rolle, wo Mangel herrscht und Menschen alles tun, um aus Armut und Gewalt herauszukommen. Aber es geht nicht um Almosen, die den Spender beruhigen, sondern um die Würde, die Menschen befähigt, ihr Leben selbst in die Hand zu nehmen. In der *einen* Welt und ihrer Zukunft geht es um mehr als um Geld. Es geht um Gerechtigkeit. Wenn Kinder unter Gewalt leiden, liegt das Unrecht offen zutage. Doch auch Armut, die ihnen ihre Lebenschancen raubt, ist gebrochenes Recht. Kinder, die sich durch Arbeit, Betteln oder Prostitution durchs Leben schlagen müssen, durch ethnische oder religiöse Diskriminierungen ausgegrenzt werden, wird das Recht auf Kindheit vorenthalten. Auch wenn der Begriff Kindheit auf der Welt nicht einheitlich verstanden wird und es kulturelle Verschiedenheit gibt, so ist durch die Konvention der Kinderrechte eindeutig definiert, worauf Kinder einen unaufgebbaren Anspruch haben. Kinderrechte sind Menschenrechte, die universal gelten. Weltweit aber werden sie häufiger proklamiert als praktiziert. Dass Kinder zu ihrem Recht kommen, darum geht es beim Kampf gegen Armut um Gerechtigkeit. Die Kinderrechte sind international anerkannt und von allen Staaten der Welt, mit Ausnahme der USA, ratifiziert. Dennoch herrscht in den Ländern, die ich besucht habe, verbunden mit der materiellen Armut oft eine eklatante Rechtsarmut. Formal mögen die Staaten von ihren Verfassungen her Rechtsstaaten sein, aber es herrscht oft nicht die Stärke des Rechts, sondern das Recht des Stärkeren.

Das „Kindeswohl" das nach Artikel 3 der Konvention allem sozialen, politischen und administrativen Handeln vorgeordnet ist, ist keine Wohltat, die Kindern je nach politischer oder ökonomischer Lage gewährt oder vorenthalten werden kann, sondern eine Norm, die verpflichtet. Statistiken, die sich auf Kinder beziehen und Hunger, Bildung, Sterblichkeit, Kinderarbeit etc. erfassen, zeigen, wie weit das Leben von Millionen Kindern von dieser Norm und den ihr zugeordneten Rechten entfernt ist. Dennoch gibt es auch Fortschritte durch die Maßnahmen der Millenniums-Entwicklungsziele seit der Jahrtausendwende, zum Beispiel bei der Anzahl der Kinder, die eine Primarschule besuchen oder bei der Ausrottung der Kinderlähmung in fast allen Ländern der Erde. Zugleich verursachen Krieg und Flucht neue Rechtsbrüche. Bei 60 Millionen Menschen weltweit auf der Flucht entstehen Herausforderungen für die Staaten, minderjährige Flüchtlinge durch die Kinderrechte zu schützen und zu begleiten. Dabei ist es wichtig, auf den Titel der Kinderrechtskonvention zu achten: „Übereinkommen über die Rechte des Kindes." Das Recht hat alle Kinder im Blick, aber es richtet sich deutlich an das einzelne Kind. Jedes Kind ist ein eigener Rechtsträger. Das Kind hat keinen minderen Status gegenüber dem von Erwachsenen. Es ist ein Mensch mit seinen Rechten, von Anfang an. Es darf nicht als „Objekt" weder von gut gemeinten Maßnahmen noch von üblen Schikanen gesehen werden, sondern als „Subjekt", eben als Mensch, dessen Würde unantastbar ist und dessen Leben durch Rechte gesichert ist. Doch es fehlt der Konvention als „Geburtsfehler" die Möglichkeit, dieses Recht auch einzufordern. Was in den Konventionen für die Rechte der Frauen oder der Menschen mit Behinderungen von Anfang an vorgesehen war, musste als sogenannte Individualbeschwerdeverfahren auf einem langen Weg erkämpft werden.

## „KINDER SO STARK WIE STAATEN"

So lautet der Titel einer Broschüre von Kindernothilfe aus dem Jahr 2002. Auf dem Titelbild schaut ein Junge selbstbewusst nach vorne. Mit beiden Beinen fest auf der Erde, die linke Hand in die Hüfte gestemmt, streckt er aus großem Karton ausgeschnitten und in matter Goldfarbe gefasst das international gebräuchliche Zeichen für Rechtverordnungen nach vorne: § – einen Paragraphen. Im Untertitel heißt es: „Hintergründe und Argumente für die Einführung eines Beschwerderechts". Damit war Kindernothilfe ein Vorreiter dieser Initiative. Keiner konnte damals ahnen, dass es noch zwölf Jahre dauern würde, bis aus dieser Initiative internationales Recht werden konnte. „Kinder so stark wie Staaten", das mag damals geklungen haben wie „Theo gegen den Rest der Welt". Es war „der lange Marsch durch die Institutionen", bei dem aber die Akteure nicht von den Institutionen verschlungen wurden, sondern sich am Ende gegenüber allen Institutionen erfolgreich durchsetzten. Der lange Weg nahm 1999 seinen Anfang. In Genf feierte die UN den zehnten Jahrestag der Verabschiedung der Kinderrechtskonvention und in Duisburg trafen sich viele Gäste aus dem In- und Ausland, um das 40-jährige Jubiläum der Kindernothilfe zu feiern. Das waren günstige Voraussetzungen für neue Ideen. Es waren Mitarbeiter der Kindernothilfe um ihre Kollegin und Kinderrechtsexpertin Barbara Dünnweller, die diesen Moment erkannten und die Initiative zum Entwurf eines Individualbeschwerderechts in die Hand nahmen. Sie waren davon überzeugt, dass dieses Kontrollinstrument, einmal in Kraft getreten, die Kinderrechte weltweit stärken wird. Um das Ziel zu erreichen, mussten viele Mitstreiter, aber auch Anlässe gefunden werden, das Vorhaben zu unterstützen und seine politische Relevanz zu zeigen. Die UN selbst bot dazu mit dem Weltkindergipfel 2002 in New York eine gute Gelegenheit. Daran nahmen auch Kinder aus Partnerländern und Mitarbeiter der Kindernothilfe teil. Die Delegierten des Weltkindergipfels forderten das Zusatzprotokoll der Individualbeschwerde ein. Zu diesem Zeitpunkt war die Lobbyarbeit in Deutschland schon ein Stück vorangekommen. Weitere Organisationen machten die Individualbeschwerde zu ihrem Thema. Prominente Fürsprecher stellten sich hinter die Kampagne. Um international erfolgreich zu werden, brauchte Kindernothilfe für diese Initiative öffentliche Resonanz und politischen Rückhalt in Deutschland. In beiden Bereichen gab es Erfolge. Durch die „National Coalition für die Umsetzung der UN-Kinderrechtskonvention in Deutschland" machten sich mehr als 100 Organisationen für die Aufgabe stark. Im Mai 2001 richtete der CDU-Abgeordnete des Bundestages und damalige Sprecher für Menschenrechte und humanitäre Hilfe, Hermann Gröhe, die Anfrage an die Bundesregierung, ob sie durch das Individualbeschwerderecht die UN-Kinderrechtskonvention gestärkt sähe. Die Antwort der Regierung war grundsätzlich positiv, spielte aber auf Zeit mit dem Hinweis, dass eingehende rechtliche Prüfungen und das Zustandekommen anderer Zusatzprotokolle wie über die „Beteiligung von Kindern an bewaffneten Konflikten" oder zu „Kinderhandel und Kinderprostitution, Kinderpornographie" noch abzuwarten seien.

Vom Weltkindergipfel her fand die Initiative durch die Unterstützung von mehr als 600 Organisationen ein internationales Echo. Der Menschenrechtsrat der UN in Genf setzte das Thema auf seine Tagesordnung. Im Mai 2009 brachte die Regierung der Slowakei eine Resolution zur Individualbeschwerde in die 11. Sitzung des Menschenrechtsrats ein. Im Verlauf ihrer Generalversammlung beschloss die UN-Vollversammlung am 19. Dezember 2011 dieses Zusatzprotokoll. Vor der endgültigen Ratifizierung am 20. November als drittem Staat der Weltgemeinschaft stimmte der Bundestag dem Protokoll bereits am 8. November 2012 zu. Der Kindernothilfe wird dieses Datum immer im Gedächtnis bleiben, denn an diesem Tag starb Barbara Dünnweller. Von Anfang an hatte sie sich mit unermüdlicher Kraft dafür eingesetzt, dieses Zusatzprotokoll zu erreichen.

In Gesprächen hat sie meine anfängliche Skepsis überwunden, sodass wir innerhalb der Kindernothilfe gemeinsam dieses Ziel ansteuerten. Bei ihr liefen die Fäden zusammen. Sie hat mit Politkern konferiert, an zahllosen Konferenzen teilgenommen, Artikel publiziert und darum gekämpft, neben anderen wichtigen Themen dieses im Auge zu behalten und mit aller Kraft zu verfolgen. Aus ihren Erfahrungen wusste sie, wie schnell ein Weg versanden kann, wenn man ihn nicht beharrlich geht. Der Beschluss der UN 2011 freute uns, als wäre es ein vorgezogenes Weihnachtsgeschenk. Mit der Ratifizierung durch den Bundestag ein Jahr später hat Kindernothilfe gemeinsam mit vielen anderen für Deutschland und international einen Meilenstein für die Rechte der Kinder gesetzt. Diese Entscheidung hätte Barbara Dünnweller glücklich gemacht. Sie hat davon nichts mehr erfahren. Der Beschluss ist ihr Vermächtnis. Er war mit der Bedingung verknüpft, bestimmte Fristen einzuhalten und ihn durch mindestens zehn Staaten bis zu seinem Inkrafttreten ratifizieren zu lassen. Mit der Unterzeichnung durch Costa Rica im Januar 2014 als zehntem Staat ist es seit April 2014 nun möglich, eine Individualbeschwerde vor dem UN-Kinderrechtsausschuss einzulegen.

## „KINDER DÜRFEN SICH BESCHWEREN"

Mit dieser Schlagzeile stellte eine Tageszeitung das Zusatzprotokoll auf ihrer Kinderseite vor. Eine Beschwerde über die Verletzung eines der Kinderrechte kann jetzt jedes Kind einlegen, mit seiner Zustimmung auch ein Erwachsener. Gegen den Willen eines Kindes darf das Verfahren nicht geführt werden. Eine Eingabe ist erst dann möglich, wenn zuvor im Heimatland alle Rechtswege ausgeschöpft wurden. Wenn das innerstaatliche Verfahren unangemessen lange verzögert wird oder eine Abhilfe vom Beschwerdegrund aussichtslos erscheint, kann die Beschwerde als Ausnahme direkt an den Ausschuss gerichtet werden. Da sind Hürden zu nehmen. Selbst in Rechtsstaaten kann das ein langer Weg durch die Instanzen werden. Sollte das Kind darüber volljährig werden, wird der Weg dennoch weiterverfolgt. Eine Beschwerde einlegen können zunächst nur Kinder aus den Ländern, die das Protokoll ratifiziert haben. Die Eingabe ist an bestimmte Vorgaben gebunden, wie zum Beispiel schriftliche Abfassung mit Unterschrift, Nachweis der Urteile auf dem Rechtsweg im eigenen Land etc. Anonyme Beschwerden werden nicht angenommen. Auch muss darauf geachtet werden, dass sich Erwachsene keinen Vorwand verschaffen, in der vermeintlichen Vertretung von Kindern eine Beschwerde zu führen. Nach Prüfung der Voraussetzungen bearbeiten die 18 internationalen und unabhängigen Mitglieder des UN-Kinderrechtsausschusses die eingereichte Beschwerde. Trotz dieser Einschränkungen ist das Verfahren kein zahnloser Tiger. Als Kontrollinstrument unterstreicht es noch einmal ganz deutlich, dass auch Kinder „ein Recht haben, Rechte zu haben" (Hannah Arendt). Kinder werden ermutigt, sich aktiv für ihre Rechte einzusetzen. Neben dem Schutz und der Förderung von Kindern ist die Kinderrechtskonvention von dem Geist getragen, Kinder zu beteiligen, ihnen die Möglichkeit zu geben, sich im Rahmen ihrer Kompetenzen einzubringen, um so die ihnen zugesprochenen Beteiligungsrechte leben zu können. Der Ausschuss, der die Beschwerde prüft, ist kein Gericht. Er kann Staaten, die ihren Verpflichtungen gegenüber dem Kind verletzen, nicht bestrafen, aber öffentlich rügen und die Rechtsverletzungen international bekannt machen. Eine internationale Rüge, Kinder in ihren Rechten verletzt zu haben, wird keinen Staat freuen. Daher baut dieses Verfahren einen zusätzlichen Druck auf, dass Staaten ihren Verpflichtungen nachkommen und die Kinderrechte einhalten. Was wirklich langfristig bewirkt werden kann, muss sich noch zeigen. Aber es wird nur noch eine Frage der Zeit sein, bis das erste Verfahren ansteht.

## WAS TUT KINDERNOTHILFE IN DEUTSCHLAND?

Als viele Menschen in Deutschland das „Sommermärchen" der Fußballweltmeisterschaft feierten, war ich in Indien. Die protestantischen Kirchen hatten zum 300. Jubiläum des Beginns der Mission in Indien eingeladen. Sie erinnerten am 9. Juli 2006 an die Ankunft der beiden deutschen Missionare Bartholomäus Ziegenbalg und Heinrich Plütschau, die 1706 in der damaligen dänischen Kolonie Tranquebar an der Ostküste an Land gegangen waren und ihre Arbeit begonnen hatten. Historisch ist auch die Arbeit der Kindernothilfe ein ferner Nachfahre der beiden, besonders, was den Bildungsauftrag an Kindern und speziell an Mädchen anbelangt. Auch mit der Idee der Patenschaft, die damals entstand, aber zunächst mehr ideeller als praktischer Art war.

Dieses Jubiläum fand in der indischen Presse keine große Aufmerksamkeit. Das war beim Fußball schon anders, obwohl er in Indien anders als Kricket kein Volkssport ist. Auf der Suche nach WM-Neuigkeiten fiel mir in der *Indian Times* ein Foto auf, das eine siegreiche Fußballmannschaft zeigte. Sie fuhr auf einer mit Blumen und Girlanden geschmückten Kutsche durch Bangalore. Vorne stand der Kapitän und reckte freudestrahlend den gewonnen Pokal in die Höhe. Der Artikel zum Bild berichtete, dass es sich um ein Turnier HIV-infizierter Fußballer gehandelt habe. Sie hatten die Gunst der Stunde genutzt, um auf ihr Leben aufmerksam zu machen und um Akzeptanz zu werben. Ihre Namen wurden nicht erwähnt. Den erfuhren die Leser nur vom Kapitän, von dem es hieß: „a man who named himself Ballack" – „ein Mann, der sich selbst Ballack nannte". Ob die Infektion mit HIV oder die Bekanntheit von Michael Ballack ausschlaggebend war, die Meldung in die Zeitung zu setzen, bleibt offen. Vielleicht war es beides. Es war ein sympathischer Artikel, der helfen konnte, Vorurteile und Ängste gegenüber Menschen mit HIV abzubauen und sie in ihrer Lebensfreude wahrzunehmen. Möglicherweise hatten sich auch die anderen Spieler die Namen ihrer internationalen Idole gegeben.

Überall auf der Welt sehe ich Kinder und junge Leute, die Fußballtrikots aus Altkleidersammlungen tragen. Die Bundesliga ist da breit vertreten. Es tauchen ganz aktuelle Namen auf und solche, die wie Ballack zur Fußballgeschichte gehören. Durch den Fußball und seine Spieler ist Deutschland auf der Welt bekannt, gerade auch unter Kindern und Jugendlichen. Das schließt andere Bezüge, die Menschen zu Deutschland haben, ein und verstärkt sie. Bei manchen Projektbesuchen habe ich eine kleine „Deutschstunde" gehalten. Die Kinder löcherten mich mit ihren Fragen nach dem Land, dem Wetter, dem Leben der Kinder und natürlich nach meinem Beruf und der Familie. Projektmitarbeiter fragten auch weiter. Sie wollten wissen, woher das Geld für die Arbeit kommt, wie lange Kindernothilfe das Projekt noch fördern werde und ob wir nicht noch viel mehr tun könnten, denn die Not sei doch so groß. Auch wenn ich bei diesen Gesprächen die Rolle der Kindernothilfe getreu unserer Philosophie immer hinter die Verantwortung der Partner zurückstellte, so spürte ich häufig, dass die Partner stolz darauf waren, Kindernothilfe an ihrer Seite zu wissen. In ihren Augen sahen sie mich als ihren Botschafter, der, ins ferne Deutschland zurückgekehrt, ihre Situation bekannt machen und für ihre Projekte eintreten wird. Wo ihre Stimme allein nicht hinreicht, sollen wir sie aufnehmen und verstärken. Oft habe ich den Satz gehört, dass Kindernothilfe für die Armen in der Welt eine gute Adresse ist. Hier können sie ihre Anliegen vorbringen, darauf bauen, dass Menschen ein offenes Ohr für sie haben und an Lösungen ihrer Probleme arbeiten. Dies kann nicht immer eins zu eins geschehen, sondern muss sich verbinden mit der Gesamtverantwortung und den Ressourcen, die für die Arbeit zur Verfügung stehen.

Im Bild des Botschafters ist die Rolle von Kindernothilfe in Deutschland angesprochen. Sie hat nach ihrer Satzung in Deutschland, und heute verbunden mit den Kindernothilfe-Organisationen in Österreich, der Schweiz und Luxemburg,

„die Aufgabe, Nächstenliebe und Verantwortung für notleidende Kinder und Jugendliche in der *einen* Welt, insbesondere in Asien, Afrika und Lateinamerika zu wecken sowie zur Überwindung der Not beizutragen." Diese Aufgabe ist vielfältig. Sie umfasst die Verbindungen zu den Medien, Informationen in Schulen, Gemeinden und Gruppen der Erwachsenenbildung, Teilnahme an Kirchentagen und anderen Großveranstaltungen, Kontakte zu Verbänden und Spendern, Gespräche mit Politikern, öffentliche Aktionen mit Prominenten gegen Ausbeutung von Kindern und vor allem das Gewinnen und Begleiten von Ehrenamtlichen in vielen Städten Deutschlands. Die Ehrenamtlichen sind das Gesicht der Kindernothilfe in ihrer Region. Sie sind die Botschafter vor Ort und die Akteure, die mit Ständen auf Märkten und Festen Menschen ansprechen und gewinnen. Wer zur Überwindung der Not beitragen will, muss auch für Spenden werben, die die Projekte finanzieren sollen. Information und Werbung gehen oft Hand und Hand. Wo die Werbung eher in die Breite geht und zum Ziel hat, viele Menschen für die gemeinsame Sache zu gewinnen, geht die entwicklungsbezogene Bildung in die Tiefe. Sie erschließt Zusammenhänge und macht deutlich, dass in der globalen Welt die Ursachen der Armut auch mit unserer Produktions- und Lebensweise zu tun haben. Beispielhaft sei nur auf die Exporte EU-subventionierter Lebensmittel nach Afrika hingewiesen, die die dortige Produktion massiv beeinträchtigen und zerstören.

Immer wieder wird auch gefragt, ob und was Kindernothilfe gegen die wachsende Armut unter Kindern in Deutschland unternimmt. Die Kindernothilfe ist nicht blind gegenüber den sozialen Verwerfungen im eigenen Land. Doch es ist besser, bei dem gewachsenen Profil zu bleiben und auf die gute Arbeit kooperativ hinzuweisen, die in Diakonie, Caritas und bei vielen anderen Trägern zum Wohl der Kinder in Deutschland geleistet wird. Diese verweisen bei ähnlichen Fragen nach einem Engagement für Kinder in der Welt auch gerne auf Kindernothilfe oder vergleichbare Organisationen. Es ist nicht gut, wenn alle meinen, alles tun zu müssen oder zu können. Tatsächlich ist es ein größerer Gewinn für die Kinder, wenn auf ihre Situation zugeschnitten fachliche Hilfe von denen angeboten werden kann, die sich auskennen. Der fachliche Austausch untereinander und das gemeinsame Eintreten für die Kinderrechte, national wie international, ist wichtig, damit nicht die Armut der einen gegen die der anderen ausgespielt werden kann.

## OHNE MEDIEN KEINE SPENDEN – OHNE SPENDEN KEINE HILFE

Da der größte Teil der Arbeit der Kindernothilfe durch Spenden finanziert wird, ist eine klare Profilierung eine Hilfe für die Spender. Wie es für die deutschen Wohlfahrtsorganisationen wichtig war, dass sie bei den Flutkatastrophen an Elbe und Donau vor einigen Jahren deutlich erkennbar blieben, so hilfreich ist es für die international tätigen Organisationen, bei ihren humanitären Einsätzen das Vertrauen der Spender zu gewinnen. Was das bedeutet, möchte ich am Beispiel Haiti zeigen.

Oft sind es die ersten Bilder und Worte, die sich ins Gedächtnis eingruben: Menschen vor den Trümmern ihrer Häuser, Verletzte, die Retter unter dem Schutt hervorziehen, Menschen, die Schilder hochhalten mit der Bitte um Wasser, Nahrung und Hilfe. In Echtzeit kommen die Bilder zu uns. Sie sprechen für sich. Doch es würde ihnen etwas fehlen, wenn sie nicht mit der Bitte um finanzielle Hilfe verbunden wären. Was wir sehen und hören, vermittelt Gefühle von Ohnmacht und weckt gleichzeitig den Wunsch zu helfen. Wir können nicht vor Ort anpacken, doch wir können die unterstützen, die Hilfe zu den Menschen bringen. Jeder Spender wird Teil einer großen Solidargemeinschaft. Wer spendet, überwindet seine Ohnmacht, wird aktiv und bleibt den Menschen nahe. Wer nachhaltig helfen will, braucht Geld über die Tage der akuten Not hinaus. Eine Berichterstattung, die das aufzeigt, kann entscheidend sein. Hier sind gute Journalisten gefragt. Sie sind auf Menschen angewiesen, die sich auskennen, an Informationen kommen und vor allem den Menschen nahe sind, über die das Schicksal zusammengeschlagen ist. So reiste mit unserem ersten Team nach dem Beben in Haiti eine kleine Gruppe von Journalisten gemeinsam nach Port-au-Prince. Sie wollten begreifen und berichten, was in diesem für sie so fernen und fremden Land passiert ist. Sie wollten den Überlebenden eine Stimme geben. Auch wollten sie darauf schauen, wie die Helfer arbeiten, ob die Spenden bei denen ankommen, für die sie gegeben wurden und was sie bewirken. Es gab keinen Gefälligkeitsjournalismus, auch wenn redaktionell an manchen Beitrag Spendenmöglichkeiten angefügt waren.

Ein Anliegen der Kindernothilfe ist es, in Katastrophensituationen darauf zu achten, die Würde der Menschen – und hier besonders die der Kinder – zu wahren. Weil die Not kaum einen unberührt lässt, kann es sein, dass sie so sehr in den Vordergrund tritt, dass die Menschen nur noch als Opfer der Katastrophen erscheinen, deren Überleben allein von äußerer Hilfe abhängig ist. Wer meint, in solcher Weise berichten zu müssen und mit Opferbildern um Spenden bittet, wird am Ende nicht weit kommen. Denn Menschen sind niemals Bittsteller allein, sondern Herr und Frau ihres eigenen Lebens! Daher gilt es, auf ihre Potenziale zu achten und auf das, was sie trotz aller Not einbringen können. Die Menschen in Haiti leiden unter dem Klischee ihres Landes, das pauschal als Armenhaus, als versagender Staat oder im Blick auf die Gewalt im Land als Totenhaus bezeichnet wird. Sicher wird man immer über Menschen berichten können, die dem Klischee entsprechen oder nichts anderes tun, als die Hand aufzuhalten in der Hoffnung, dass jemand etwas hineinlegt. Gerade die Defizite der Politik und der Administration haben die Menschen andererseits stark gemacht, ihr Leben in die eigene Hand zu nehmen und für sich zu sorgen.

Für die Menschen in Haiti wurde nach dem Erdbeben sehr viel Geld gespendet, allein die Kindernothilfe erhielt fast 16

Millionen Euro im ersten Jahr. Da liegt es nahe, dass Journalisten genau hinschauen und kritisch nachfragen, wann und wie die Spenden eingesetzt wurden. Einige Nachfragen waren von dem Wunsch begleitet, einen schnellen Erfolg melden zu können. In der Tat gab es die Vorstellung, dass das, was in 53 Sekunden zerstört wurde, in sechs Monaten wieder aufgebaut werden könnte. Spenden zeitnah zu verausgaben, steht im Stammbuch jeder seriösen Organisation. Doch zeitnah bedeutet nicht, mit der Gießkanne möglichst schnell viel Geld zu verteilen, sondern nachhaltig zu planen und dies mit den beteiligten Menschen umzusetzen, damit sie durch die Hilfe befähigt werden, sich selbst zu helfen. Bei der humanitären Hilfe ist es immer wichtig zu unterscheiden, welche Mittel für die akute Hilfe eingesetzt werden müssen und welche für den zweiten und dritten Schritt bereitstehen. Es schafft Vertrauen, dies transparent darzustellen. Wer das nicht tut, kommt in den Verdacht, Spenden zu horten. Dass Journalisten hier kritisch hinschauen, ist verständlich und richtig. Als Kindernothilfe haben wir stets Zwischenbilanzen vorgelegt und berichtet, was erreicht wurde, welche Projekte vorankommen, wo es hakt und was noch in der Planung steckt. So war zeitnah die ganze Spendensumme einzelnen Budgets zugewiesen, aus denen die Projekte finanziert wurden. Für die Öffentlichkeit boten sich die Jahrestage des Bebens an, über das Erreichte zu berichten und Rechenschaft zu geben über die Verwendung der Spenden. In Haiti ging es nicht darum, ein paar Dellen auszubeulen, sondern in vielen Bereichen einen totalen Neuanfang zu wagen. Das zeigen die neun Schulen, die mit den Spenden an die Kindernothilfe wiederaufgebaut oder komplett neu errichtet wurden.

Die Not der Welt findet in Deutschland offene Ohren und Hände. Trotz allen Versprechungen seit Jahren hat es bisher noch keine Bundesregierung geschafft, die angepeilte ODA-Quote (Official Developement Assistance) als Anteil der Ausgaben für die Entwicklungszusammenarbeit am Bruttonationaleinkommen von 0,7 Prozent für die Entwicklungszusammenarbeit bereitzustellen. Die 2015 von der UN verabschiedeten nachhaltigen Entwicklungsziele (Sustainable Developement Goals – SDG's), die 2030 erreicht sein und eine Veränderung der internationalen Zusammenarbeit bewirken sollen, können aber nur mit einer baldigen Erhöhung der ODA-Quote von jetzt 0,41 Prozent (im Jahr 2014) auf 0,7 Prozent erreicht werden. Bei dieser Quote handelt es sich um staatliche Mittel. Diese Kritik schmälert nicht den bedeutenden Einsatz Deutschlands in diesem Politikfeld. Es wird vielmehr deutlich, dass das zivilgesellschaftliche Engagement durch die Spenden einen erheblichen Beitrag für die Entwicklungszusammenarbeit leistet, der in diese Quote nicht eingerechnet wird.

Dass Entwicklungszusammenarbeit keine Einbahnstraße zwischen Gebern und Empfängern sein soll, gehört zum Einmaleins der Entwicklungspolitik. Ihr zugeordnet ist die entwicklungsbezogene Bildungsarbeit. Mentale Veränderungen allein werden nicht ausreichen, die nachhaltigen Entwicklungsziele zu erreichen. Daher sprechen diese von einer Transformation, die alle Länder der Erde auf diese Ziele der nachhaltigen Entwicklungs ausrichten soll. Dies ist eine Herkulesaufgabe, deren Erfolg wesentlich auch davon abhängen wird, wie zivilgesellschaftliche Organisationen sich beteiligen können und werden. Was das bedeuten kann, zeigen verschiedene Aktionen der Kindernothilfe im Bildungsbereich. Ein besonders gelungenes Beispiel, Engagement und Spenden zusammenzubringen und bei dem außerdem Kinder Kindern helfen, sind die „Action!Kidz".

## ACTION!KIDZ – KINDER GEGEN KINDERARBEIT

„The winner is ... Schiffdorf!" Als würde der Oscar verliehen verkündete die Jury ihr Ergebnis. „Schiffdorf?" Die Fragezeichen standen den Mitarbeitenden der Kindernothilfe im Gesicht geschrieben. Die geografische Unkenntnis war nicht länger peinlich, als die Rektorin der Grundschule am Telefon kurz und bündig erklärt: „Schiffdorf ist das letzte Dorf vor Amerika" und zur Erleichterung aller hinzufügte: „bei Bremerhaven." In Schiffdorf hatten sich alle unter dem Namen „Martinskinder in Aktion" ins Zeug gelegt – die Grundschule, der Kindergarten, die Jugendlichen der Kirchengemeinde, die Feuerwehrjugend und durch sie eben alle am Ort, die das Projekt unterstützten. Sie hatten sich mit Tausenden anderen Kindern und vielen fantasievollen Aktionen in Deutschland stark gemacht für die Restavèk-Kinder in Haiti. Insgesamt haben alle „Action!Kidz" gemeinsam im Jahr 2010 fast 110.000 Euro zusammengebracht. Mit einem Spendenergebnis von 5.600 Euro lag Schiffdorf an der Spitze. Doch das Geld war nicht einfach gespendet, sondern von den Kindern hart erarbeitet worden. Sie hatten Wege geharkt, Gärten gesäubert, beim Kaufmann geholfen, Autos gewaschen, Marmelade gekocht und verkauft und vieles mehr, alles Arbeiten, die sie in ihrer Freizeit und ihrem Alter entsprechend schaffen konnten. Sie wollten etwas tun, damit Kinder in Haiti nicht mehr als kleine Haussklaven schuften müssen. Im Kindergarten zeigten die Erzieherinnen Bilder und erzählten Geschichten. In der Grundschule hatten die Lehrerinnen im Unterricht über Kinderarbeit gesprochen. Die Kinder hatten von Armut gehört und davon, was es bedeutet, wenn eine Mutter von einem Euro am Tag die Familie ernähren soll. Ein Film aus Haiti brachte ihnen den Alltag eines Mädchens näher. Es beschäftigte sie, wie es Wasser schöpfte, den schweren Eimer auf dem Kopf nach Hause balancierte, putzte und Holzkohle holte. Sie waren erschrocken über den elenden Verschlag, in dem es auf einer Matte schlief und konnten sich kaum vorstellen, dass es weder eine Dusche noch eine Toilette gab. Wenn Kinder so leben müssen, dann läuft etwas im Leben schief. Da stellen Kinder Fragen. Sie finden „gemein", was dort geschieht und fragen auf ihre Weise nach Recht und Gerechtigkeit. Die Kinder in Schiffdorf haben erfahren, dass es vieles, was für sie ganz selbstverständlich zum Leben gehört, wie ein Zuhause, die

Schule, einen Arzt in der Nähe und manches mehr für andere Kinder nicht gibt. Doch die haben wie sie ein Recht darauf. Mit ihrem Gespür für Gerechtigkeit entdecken die Kinder bei sich wie bei den Restavèk-Kindern was es bedeutet, Rechte zu haben. Da hören sie auch auf die leisen Stimmen der Kinder, die auf ein anderes Leben hoffen, auf eine Schule, um zu lernen und auf einen Beruf, von dem sie leben können. Damit die Träume dieser Kinder einmal in Erfüllung gehen, haben sie gearbeitet und ihre Eltern, Verwandten und die Leute im Dorf gebeten, ihre Arbeit gut zu „entlohnen". Das ganze Dorf hatte mitgezogen. Irgendwie waren alle in Schiffdorf „Action!Kidz".

Das stolze Ergebnis und der erste Preis sollten gebührend gefeiert werden. Zur Feier des Tages kam aus Berlin gemeinsam mit der Schirmherrin der Aktion, Christina Rau, die Band Culcha Candela angereist. Ihr Konzert war der Hauptgewinn. Der Jubel war groß, als der Wagen aus Berlin auf den Schulhof rollte. Die Kinder berichteten Frau Rau und der Band von ihren fantasievollen Aktionen und von dem Echo, das sie im Dorf gefunden hatten. Aus Haiti hatte ich eine kleine Plastikschale mitgebracht und ein Tuch, das die Kinder zu einem Ring formen, wenn sie den schweren Wassereimer auf dem Kopf balancieren. Aus einer Wanne haben wir mit der kleinen Schale Wasser in einen Eimer geschöpft, so wie es mir die Kinder an der Wasserstelle gezeigt hatten. Dann ging es darum, das Tuch auf dem Kopf zusammenzulegen und den Eimer zu heben. Da wurde mancher nass, der glaubte, dies mit links erledigen zu können. Was wie ein Spaß wirkte, holte doch das harte Leben der Restavèk-Kinder noch einmal sichtbar in die Mitte. Ich habe von den Kindern erzählt und gegrüßt. Doch dann gab es kein Halten mehr und Culcha Candela legte los und rockte Schiffdorf.

## KINDERARBEIT – WAS IST DAS?

Die kleinen Jobs in Schiffdorf waren keine Kinderarbeit. Doch die Kinder haben entdeckt, was ihnen daran Freude machte und was ihnen schwerfiel. Einige hätten gerne weitergemacht, weil sie an sich Fähigkeiten entdeckten, die sie vorher gar nicht kannten. Andere erfuhren eine Anerkennung, die ihnen gut tat. Die meisten konnten sich vorstellen, hin und wieder einen kleinen Job zu übernehmen. Doch dauerhaft neben der Schule arbeiten, das wollten sie nicht. Die eigenen, wenn auch kleinen Erfahrungen, schufen eine Brücke zu den Kindern, die arbeiten müssen, damit ihre Familien überleben können. Auch wenn für sie die Ausbeutung der Restavèk-Kinder in Haiti im Vordergrund stand, lernten die Kinder an anderen Beispielen, dass es *die* Kinderarbeit nicht gibt. Das Thema Kinderarbeit ist sehr komplex und wird politisch wie auch zivilgesellschaftlich unterschiedlich gewichtet. Das reicht von der plakativen Forderung, jede Art von Kinderarbeit zu verbieten, bis hin zu Kindergewerkschaften, die ein Recht auf Arbeit fordern und in Bolivien zum Beispiel auch als gesetzliche Regelung erreicht haben. Emotional ist der Begriff stark aufgeladen durch die Bilder von Kindern im Müll, von Straßenkindern, die an Ampeln Wasser oder Obst verkaufen bis zu Kindern, die in halbdunklen Räumen Teppiche knüpfen. Es ist umstritten, ob Kinderprostitution, Kinderpornografie und der Einsatz von Kindersoldaten lediglich als ausbeuterische Kinderarbeit bezeichnet werden sollen oder vielmehr als das, was sie sind, nämlich schwere Verbrechen am Leben der Kinder. Das ist die Position der Kindernothilfe.

In Konferenzen und Debatten zum Thema Kinderarbeit wird meistens *über* die Kinder und selten *mit* ihnen gesprochen. Hier setzt die Kindernothilfe seit Jahren einen anderen Akzent. Wir wollen auf Kinder hören. Damit nehmen wir nach Artikel 12 mit dem „Recht auf Gehör" die Kinderrechtskonvention beim Wort. Wer arbeitenden Kindern zuhört, kann danach über Kinderarbeit nicht mehr pauschal urteilen. Einige sagen, dass sie stolz darauf seinen, etwas zum Familieneinkommen beitragen zu können. Andere verweisen auf handwerkliche oder lebenstaugliche Fähigkeiten, die sie erworben hätten. Wieder andere nennen das, was sie tun, gar nicht Arbeit. Mit Worten wie „ich helfe meiner Familie", umschreiben sie, was sie tun. Viele erzählen, dass sie um ihren Lohn betrogen werden, bei schwerer Arbeit, zum Beispiel in Ziegeleien oder Steinbrüchen, keine Schutzkleidung haben oder mit der ganzen Familie in der Schuldknechtschaft eines Großgrundbesitzers leben und keinen Ausweg sehen. Dass ungesunde Arbeitsbedingungen ihr Leben ruinieren, sehen die Kinder an den Erwachsenen, die zuvor Kinderarbeiter waren. So setzen sich viele Organisationen und Kindergewerkschaften dafür ein, Kinder vor diesen Schäden zu bewahren, sie besser zu schützen und durch berufliche Qualifikationen selbstbewusster zu machen und auf ihr Leben vorzubereiten. Die allermeisten wünschen sich, dass sie unter menschenwürdigen Bedingungen arbeiten können – und das meint auch zu fairen Löhnen – und zugleich ein Schulbesuch möglich ist. Es wird noch ein langer Weg werden, Kinderarbeit deutlich zu überwinden und zu reduzieren in einer Welt, in der immer mehr Familien unter der Armutsgrenze leben und Erwachsene als Tagelöhner nur prekäre Jobs finden. Die Weltwirtschaft produziert globale Armut. Kinderarbeit ist wie ein Zulieferer in dieser Produktionsweise, ein stetig nachwachsender „Rohstoff". Da müssen Alternativen her, um Kindern ein menschenwürdiges Leben zu ermöglichen. Und das bedeutet auch, unsere Lebensweise, unser Kaufverhalten bei Billigprodukten und unsere Konsumgewohnheiten zu überdenken und zu verändern. Dabei ist es wichtig, Kinder nicht nur als Opfer der Ausbeutung zu sehen, sondern mit ihnen zu entdecken, welche Potenziale in ihnen stecken und wie sie sich lebenstaugliche Fähigkeiten (life skills) erwerben können verbunden mit einer adäquaten schulischen Bildung. Die „Action!Kidz" und mit ihnen viele andere

Initiativen wollen erreichen, dass kein Kind mehr auf der Welt unter gefährlichen und ausbeuterischen Bedingungen arbeiten muss und alle Kinder eine gute Schulbildung bekommen. Das ist ihr Ansporn und Ziel.

## KINDERRECHTE UND BIBLISCHE BOTSCHAFT

„Kinder an die Macht ... die Welt gehört in Kinderhände", so fordert es Herbert Grönemeyer im gleichnamigen Song. Kinder haben Konjunktur. Sie werden als Konsumenten umworben und gelten als Garanten künftiger Alterssicherung. In Sonntagsreden wird ihnen versprochen, heute alles an Nachhaltigkeit umzusetzen, damit sie auch morgen und übermorgen noch auf diesem Planeten leben können. Die niedrige Geburtenrate im eigenen Land wird bedauert. Ambivalente Gefühle stellen sich ein angesichts der vielen jungen Menschen in den Ländern des Südens, die auf dem Weg zu einer für sie besseren Zukunft nach Norden drängen.

Natürlich gibt es auch den anderen Blick. Eltern lieben ihre Kinder. Sie sind ihr größtes Glück. Gesetze schützen ihr Leben. Von früh an fördern Einrichtungen ihre Entwicklung. Pädagogik im umfassenden Sinn gehört zu den wichtigsten Wissenschaften und Handlungsfeldern überhaupt. Seit dem Entstehen der bürgerlichen Welt ist Kindheit ein eigener Begriff und Lebensabschnitt geworden. Doch lange war diese Phase vor allem in der beginnenden Industrialisierung in Europa von Kontrasten geprägt. Wo die einen sich auf ein einigermaßen unbeschwertes Leben vorbereiten konnten, schufteten die anderen in Bergwerken und Webereien. In zerbrechenden Familien gerieten viele Kinder auf die Straße. Sie zogen marodierend über Land und galten in den Augen der Wohlsituierten als Plage. Kinder aus diesen Situationen zu retten, ihnen Hilfe zu geben, sie aber auch „in der Zucht und Ermahnung des Herrn" (Epheser 6,4) zu erziehen, war ein Herzensanliegen von Kirchenmännern früherer

Jahrhunderte wie August Hermann Francke, Johann Hinrich Wichern, Andreas Bräm oder Graf von der Recke. Ihre Fürsorge galt den Kindern. Im Rahmen der Möglichkeiten ihrer Zeit bewahrten sie die Kinder vor Verwahrlosung. Gut ist es, dass diese Werke bis heute mit anderen Ansätzen und Inhalten für Kinder da sind und sie in ein hoffentlich besseres Leben begleiten.

Der schützende Blick auf Kinder weckt bis heute starke Emotionen, wo immer Kinder hungern, fliehen oder Kriegen und Katastrophen ausgeliefert sind. Sie zu versorgen, zu kleiden, ihre Wunden zu pflegen und sie aufzunehmen ist eine Reaktion, die sich ganz stark mit dem biblischen Wort Jesu verbindet, der sich mit diesen Kindern – und insgesamt mit in Not lebenden Menschen – identifiziert. Sein Schlüsselwort „was ihr getan habt einem dieser meiner geringsten Brüder, das habt ihr mir getan" (Matthäus 24,25), entfaltet bis heute eine Wirkung, ohne die ein Leben mit und für Kinder gar nicht denkbar wäre. Aus dieser Tradition entstand auch die Kindernothilfe. Der Evangelische Kirchentag 1956 hatte den Kirchen und Gemeinden den Blick in die Welt geöffnet und sie mit den folgenden Worten ermutigt: „Mehr als eine halbe Milliarde Menschen in allen Erdteilen sind in ihrer nackten Existenz bedroht. Wir sind mit unseren Völkern gerufen, das, was Gott uns gegeben hat, mit den anderen zu teilen, um ihrem Hunger abzuhelfen." Dieses Wort ließ Menschen in Duisburg nicht ruhen, bis sie 1959 die Arbeit aufnahmen, armen Kindern in Indien durch Patenschaften eine bessere Zukunft zu schenken. Das Wort aus dem Matthäusevangelium nahmen sie als ihr Leitmotiv.

Neben diesem Blick der Fürsorge gab es in den vergangenen hundert Jahren noch eine andere Wahrnehmung der Kinder und ihrer Bedürfnisse. Der polnische Kinderarzt Janusz Korczak brachte das schon 1928 mit dem Begriff des „Rechts des Kindes auf Achtung" auf den Punkt. Kinder waren für ihn nicht die zukünftigen Erwachsenen, sondern haben ein Recht auf ihr eigenes Leben, auf die Zeit ihrer Kindheit, auf den „heutigen Tag", wie er es nennt. Korczak stand mit diesen Forderungen nicht allein. Doch durch seinen konsequenten Weg, die ihm anvertrauten Kinder auf dem Weg in die Gaskammern von Treblinka zu begleiten, steht sein Name stellvertretend für diesen Ansatz, nicht von der Sorge für die Kinder, sondern von ihrem Recht auf Leben auszugehen. Dieses für die damalige Zeit neue Denken hat in Theologie oder Diakonie über lange Zeit kaum ein Echo gefunden. Da ist erst in jüngster Zeit ein Umdenken eingetreten. Man kann fast sagen, dass „das Kind in der Bibel" neu entdeckt wurde.

Der besonderen Sichtweise Jesu, der „ein Kind in die Mitte stellte" (Matthäus 18,2) entsprechen andere Texte quer durch die Bibel mit ihrer Wertschätzung von Kindern. Was biblische Texte zu Kindern und über Kinder sagen, öffnet den Blick auf die Kinderrechte. Wer sich mit den Kinderrechten beschäftigt, entdeckt auch Wurzeln in der Bibel. Die Kinderrechtskonvention formuliert die Menschenrechte für Kinder. Dabei ist zu erinnern, dass die Menschenrechte auch gegen kirchliche Interessen durchgesetzt wurden, trotz der Nähe vieler Artikel zu biblischen Kernaussagen. Ohne die Kinderrechte „taufen" zu wollen, zeigen Vergleiche zwischen biblischen Texten und Artikeln der Konvention beispielhaft diese Nähe:

- Der im Alten Testament wichtige Schutz der Waisen (2. Mose 22,21; Psalm 146,9; u.a.) entspricht dem Diskriminierungsverbot in Artikel 2. Hier steht der Schutz des Kindes als Recht im Vordergrund.
- Psalm 127,3 nennt Kinder eine Gabe Gottes und greift damit Artikel 6 mit dem Recht auf Leben und Entwicklung auf.
- Der Name eines Menschen hat in der Bibel eine hohe Bedeutung, begründet Identität (Jesaja 43,1) und stärkt so den Artikel 8 (Recht auf Identität).
- Kindersterblichkeit zu reduzieren ist ein gemeinsames Anliegen nach der Verheißung Jesajas, „es sollen keine Kinder mehr da sein, die nur einige Tage leben" und dem Artikel 24.

- Durch das Kind Samuel überbringt Gott eine wichtige Botschaft als Ausdruck der Teilhabe eines Kindes an Gottes Auftrag (1. Samuel 3).
- Jesus bringt den Kindern Wertschätzung entgegen und macht sie zu Vorbildern der Erwachsenen (Markus 10, 13-16 u. a.).
- Und nicht zuletzt macht die Weihnachtsgeschichte deutlich, wie Gott durch die Geburt eines Kindes zu den Menschen kommt und sie erlöst.

Jesu Botschaft und Handeln markieren einen Paradigmenwechsel im Umgang mit Kindern und prägen ein neues Verständnis des Kindseins. Dies galt für die antike Welt und kommt nun in der Wahrnehmung der Kinder und ihrer Rechte zu neuer Geltung. Ein Kind *wird* nicht erst ein Mensch, sondern *ist* von Anfang an ein Mensch mit unveräußerlichen Rechten. Für die Bibel gilt, dass alle Menschenwürde in der Gottesebenbildlichkeit des Menschen gründet. Sie gibt dem Menschen einen unverlierbaren und unzerstörbaren Wert, der das Verständnis der Menschenrechte prägt. Hier ist vorgezeichnet, was sich später als Menschenrechte im modernen Sinn entwickelt hat. Das Verhältnis der Menschen zu Gott beschreibt die Bibel an vielen Stellen mit dem Bild, dass die Menschen „Kinder Gottes" sind. In diesem Sinn ist Kindsein keine Phase, die mit 18 Jahren abgelegt werden soll, sondern eine Aufgabe, die zu verwirklichen auch im Erwachsenenleben bleibt. Die jüdische Tradition kennt den Begriff „zur Kindheit heranreifen". Dieses Verständnis der Gotteskindschaft des Menschen schafft eine gute Voraussetzung für den grundlegenden Gedanken der Kinderrechte, nämlich das Kindeswohl vorrangig zu sehen und Kinder zu beteiligen. Damit wären Kinder nicht „an der Macht", aber die, die Macht über sie haben, sind an die Einhaltung ihrer Rechte gewiesen. Die Kinder wären denen, die ihre Macht missbrauchen, nicht rechtlos ausgeliefert. So würde für die Kinder gelten, was Gott über sich selbst aussagt und was für sie zur Hoffnung wird: „Aus dem Mund von Kindern und Säuglingen hast du eine Macht geschaffen gegen alle, die dich bedrängen" (Psalm 8,3). Heute gewinnen wir dieses Verständnis zurück. Die Subjektstellung des Kindes meint keine Idealisierung des Kindseins. Sie ist eine Subjektwerdung, die Kinder erfahren und erproben müssen. Dazu brauchen sie den Zuspruch derer, die an die Gottesebenbildlichkeit glauben und die Verlässlichkeit des Rechts, das ihnen ein kindgerechtes Leben ermöglicht.

## ARME HABT IHR ALLEZEIT BEI EUCH

Kann der Satz am Ende so stehenbleiben? Müssen wir ihn ergänzen durch ein resigniertes „immer" oder ein optimistisches „nicht mehr lange"? Holt uns nach den fünf Geschichten der Hoffnung und des Kampfes gegen die Armut die banale Realität wieder ein? Motivation spricht eigentlich eine andere Sprache. Doch braucht nicht gerade sie klare Aussagen, wenn sie sich nicht in Illusionen auflösen will? Nüchtern kommen diese Worte aus der Bibel daher und sprechen aus, was nicht zu übersehen ist. Es wird weder schöngeredet noch Panik geschürt, dass es Arme gibt und geben wird. Eine schlichte Erkenntnis wie diese kann wohltuend sein in einem Arbeitsfeld wie dem der Entwicklungszusammenarbeit, das an Erfahrungen reich ist im Spagat zwischen vergeblicher Liebesmüh und grandioser Selbstüberschätzung. Festzustellen, was ist, ist kein Fatalismus, sondern ein wichtiger Schritt, sich nicht mit dem abzufinden, wie etwas ist. Die Worte beschreiben die Armut, aber sie rechtfertigen sie nicht. Das zeigen der Zusammenhang, aus dem sie kommen und die Geschichte, zu der sie gehören. Da geht es zum einen um das Erlassjahr, wie es in 5. Mose 15, 1ff beschrieben ist. Es gehörte zur Rechtsordnung des Volkes Israel, die alle sieben Jahre einen Schuldenerlass vorsieht, damit Armut nicht zu einem dauerhaften Schicksal wird. Schuldknechtschaft soll nach Gottes Willen nicht sein. Denn, so heißt es an vielen Stellen im

Alten Testament, Gott schafft den Armen und denen, die Gewalt leiden, Recht. Fremde, Witwen und Waisen, oft in einem Atemzug genannt, stehen unter seinem Schutz (Psalm 146). Er ist ein Gott der Gerechtigkeit. Er „übt auf Erden Barmherzigkeit, Recht und Gerechtigkeit" (Jeremia 9, 23). Er fordert dazu auf, den Elenden und Armen zum Recht zu verhelfen. Es ist die Botschaft, die Jesus mit seinem ganzen Leben in Wort und Tat erfüllt hat. Mit Armut und Ungerechtigkeit findet er sich nicht ab. Daher greift er die Worte „Arme habt ihr allezeit bei euch" in einer Situation auf, in der die Jünger sich über eine Frau aufregen, die aus ihrer Sicht eine teure Salbe an Jesus verschwendet. Sie kennen den Preis der Salbe: 300 Denare. Damit hätte man ein ganzes Sozialprogramm finanzieren können. Doch Jesus lässt zu, was die Frau an ihm tut und nimmt sie in Schutz. Was an ihm geschieht, wertet er als die Kraft der Liebe, aus der alle ihre Energie schöpfen können, die in seiner Nachfolge leben wollen. Die Salbung ist ein Zeichen der Liebe, die den Tod Jesu voraussieht und ihn mit seinen Worten und Taten über den Tod hinaus zum Hoffnungsträger für die Armen macht. In ihm, der für sie da war und sein wird, sind die Armen gesegnet. Denn aller Kampf gegen Armut und Ungerechtigkeit kommt aus der Liebe. Sie ist die stärkste Kraft im Leben. Sie und ihre „Schwester", die Barmherzigkeit, machen Menschen stark im Kampf gegen Armut und Unrecht. Barmherzigkeit bedeutet, ein Herz für die Armen haben. Sie erfasst den ganzen Menschen. Sie ist die Triebfeder, die zur Solidarität befähigt. Die starke Kraft der Barmherzigkeit ist viel mehr als „charity" und darf nicht darauf verflacht werden. Im Mitleid wird die Leidenschaft gegen das Leid stark. Wenn Jesus den Armen das Evangelium verkündet (Lukas 4,18), dann macht er sie zu Hoffnungsträgern und durch die Kraft des Heiligen Geistes stark, Armut zu überwinden.

Sein Wort ermutigt mich und hilft gegen Resignation und Müdigkeit. Es lässt mich die Wirklichkeit ganz ungeschminkt sehen, aber es lässt nicht zu, dass ich vor der Armut und Ungerechtigkeit die Augen verschließe. Ich nehme die Wirklichkeit und das Leben um mich herum mit einem „gläubigen Realismus" an, wie der Theologe Paul Tillich die christliche Haltung zur Welt beschrieben hat. Vielleicht ist dieser Realismus dem Blick der Kinder auf die Welt ähnlich. Sie sehen, was ist, und hoffen, dass Neues werden kann. Den Blick will ich mir bewahren, auch wenn ich wahrscheinlich Diego, die Schwestern Chitra und Prema, Shamah, die Freundinnen Jocelyn und Marie und Farhan und seine Kolleginnen und Kollegen nicht mehr wiedersehen werde.

Mit ihnen verbinde ich meine persönlichen Erinnerungen. Es sind Geschichten, die von ihren Wegen erzählen. Je länger ich darauf schaue, was ich mit ihnen erlebt habe, desto deutlicher merke ich auch, dass in ihre Geschichten andere Kinder, Männer und Frauen einwandern. Sie verdrängen Diego und die anderen nicht. Sie bleiben in der Erinnerung. In meinen elf Jahren bei Kindernothilfe habe ich viele Menschen kennengelernt, von denen ich ähnliches erzählen könnte wie in den fünf Geschichten. Sie stehen stellvertretend für Kinder, Männer und Frauen, deren Armut ich gesehen habe in abgelegenen Dörfern, in Slums, auf den Straßen und in Notunterkünften auf der Flucht vor Katastrophen. So führen mich die Erinnerungen in die Gegenwart. In den Wochen, in denen ich an diesem Buch schreibe, sehe ich durch die Medien fast täglich Menschen und oft Familien mit Kindern auf der Flucht. Bilder wie das des toten Aylan am Strand von Bodrum lassen mich nicht los. Seeleute erzählen von ihren Ängsten, dass sie bei Nacht mit ihren Schiffen im Mittelmeer über Lebende und Tote fahren, die sie nicht sehen. Die Blicke von zwei Männern auf der Flucht im Hafen von Calais, denen ich im Dezember 2015 den Zutritt zu unserem Bus verweigern musste, zeigen die ganze Hoffnungslosigkeit dieser Monate.

Mit den Menschen auf der Flucht aus den Kriegsgebieten des Nahen und Mittleren Ostens haben sich bisherige politische Selbstverständlichkeiten verschoben. Migration und Flucht sind jetzt mit einer solchen Dringlichkeit in unserer

Gesellschaft angekommen, dass Aufgaben der internationalen Arbeit und damit auch der Entwicklungszusammenarbeit sich daran ausrichten und von dorther auch beurteilt werden. Ganz neue Aufgaben kommen auf uns zu. Menschen auf der Flucht hat es immer gegeben. Doch für lange Zeit war es für viele ein Phänomen auf Distanz. Das ist jetzt anders. Durch nachhaltige Projekte Fluchtursachen bekämpfen, wo Hunger herrscht und Armut die Menschen vertreibt, wird Aufgabe der Entwicklungszusammenarbeit bleiben. Doch das wird nicht reichen. Entwicklungszusammenarbeit hat, wie es das Wort sagt, zum Ziel, einen konstruktiven Beitrag zu einem Leben in Menschenwürde zu leisten. Der Ansatz dazu liegt zumeist in lokalen und regionalen Projekten. Hier ist zu sehen und zu erfahren, worunter Menschen leiden und wie sich ihr Leben verbessern kann. Alle Beteiligten entwickeln oft eine große Leidenschaft, sichtbare Erfolge und damit nachhaltige Verbesserungen zu erreichen. Doch lokale Erfolge brechen ein, wenn sie an ökonomischen und politischen Rahmenbedingungen scheitern, an deren Zustandekommen sie nicht beteiligt waren, sondern sich vielmehr ausgeliefert sehen. Wenn ein Ernährungsprogramm zum Beispiel eine lokale Hühnerproduktion aufbaut und zugleich durch internationale Abkommen subventioniertes Hühnerfleisch aus der EU in dieses Land durch Zollabkommen protegiert, das so preiswert importiert werden kann, dass diese Produkte billiger sind als die lokalen, dann bricht der Markt ein. Die Menschen sind enttäuscht, die Armut ist nicht besiegt, die Landflucht wird zunehmen und bei dauerhafter Perspektivlosigkeit auch die Migration in andere Länder. Was sich beim Geflügel zeigt, gilt auch für andere Agrarprodukte, zum Beispiel in Indien beim Schutz der kleinbäuerlichen Milchproduktion. Menschen fliehen nicht nur vor Kriegen, sondern auch vor Hunger und den Folgen des Klimawandels. Zwischen Kriegs- und Wirtschaftsflüchtlingen zu unterscheiden, mag kurzfristige politische Maßnahmen begründen. Zwischen „guten" und „schlechten" Flüchtlingen eine Trennlinie zu ziehen, wird vor der Wirklichkeit der verschiedenen Fluchtursachen nicht bestehen können. Jetzt ist das Leben von Menschen auf der Flucht eine humanitäre Katastrophe, die eigentlich bekämpft werden könnte mit ähnlichen Strategien und Maßnahmen, die auch sonst bei Erdbeben oder Fluten greifen. Hier sind auch viele Organisationen aktiv wie zum Beispiel die Kindernothilfe unter Tausenden syrischer Familien im Libanon. Was langfristig geschehen soll, ist in der europäischen Konfliktlage kaum auszumachen und verhindert bisher eine gemeinsame humanitäre Anstrengung. Das wird auch Rückwirkungen darauf haben, ob und wie die von der Weltgemeinschaft verabschiedeten Entwicklungsziele umgesetzt werden können.

Die nachhaltigen Entwicklungsziele bieten einen neuen Politikansatz, der mit dem Stichwort „Transformation" angedeutet ist. Alle Staaten der Welt haben sich darauf verpflichtet. Das bedeutet, dass alle Staaten zum Gelingen beitragen müssen. Jedes Land muss seine Politik an den Zielen der nachhaltigen Entwicklungsziele ausrichten, das heißt in den meisten Fällen: ihre bisherige Politik zu verändern. Das klassische Schema der Entwicklungspolitik, in dem es Geber und Empfänger gibt, ist damit aufgehoben. Damit rücken die Lebenssituationen und Produktionsweisen aller Länder in den Blick. Alle müssen sich fragen und Ziele erarbeiten, die das Leben und die Entwicklung der ganzen Menschheit im Blick haben. Die Armutsbekämpfung in den Ländern des Südens muss auf politische Weichenstellungen zum Beispiel bei internationalen Handelsabkommen einwirken. Es ist zu hoffen, dass bis zum Jahr 2030 Armut nicht mehr ein Dauerzustand der Hoffnungslosigkeit ist, der sich von Generation zu Generation vererbt. Ob diese Transformation gelingt, wird auch davon abhängen, wie Menschen mit den Veränderungen umgehen, die sie jetzt durch die Migration und Flucht erleben. Migration ist im Kern eine Transformation, die sich Bahn bricht. Sie kann kaum gesteuert werden. Sie ist da und verändert, ohne nach nachhaltigen Entwicklungszielen oder anderen Zielen zu fragen.

Viele Menschen stellen sich in Deutschland dieser Herausforderung. Sie leisten viel, um Menschen auf der Flucht aufzunehmen und ihnen eine Lebensperspektive zu geben. Hier können Erfahrungen der bisherigen Entwicklungszusammenarbeit für Programme und Projekte nutzbar gemacht werden. Und umgekehrt können diese neuen Erfahrungen auch eingebracht werden in die Strategien der Transformation. Interkulturelles Lernen wird eine Breitenaufgabe. Zur Integration gehören immer zwei, die nicht bleiben können, wer sie waren. Beides ist zu schaffen. Der Satz „Arme habt ihr allezeit bei euch" schreibt Armut nicht fatalistisch fest, sondern macht Mut, mit den Armen Wege aus der Armut zu suchen und zu gehen. Dies gilt auch für Menschen auf der Flucht. Was Entwicklungszusammenarbeit in fernen Ländern leistet, darf uns vor der Haustüre nicht verlorengehen. Die „alten Aufgaben" stellen sich neu, jetzt und besonders bei den Kindern auf der Flucht. Sie sind jetzt bei uns und werden es noch lange bleiben. Einige werden selbst davon schreiben. Es bleibt zu hoffen, dass dann aus den Erinnerungen von Nemaa und Aziz und vielen anderen eine gemeinsame Zukunft für Kinder und Kindeskinder wächst.

## DANKSAGUNG

Wer schreibt, muss sprechen und seine Gedanken mit anderen austauschen. Alle Reisen waren von einem regen Gedankenaustausch begleitet. Oft bin ich mit neuen Ideen zurückgekehrt, die dann in die Arbeit eingeflossen sind. Die Gespräche mit den Ehrenamtlichen in verschiedenen Städten Deutschlands und ihre phantasievollen Aktionen gehörten ebenso dazu wie die Kampagnen mit Jugendlichen oder die Aktionen an den Tagen, die die UN ausgerufen hat, um das Schicksal von Kindern als Kindersoldaten oder in der Kinderarbeit in den Mittelpunkt der Aufmerksamkeit zu rücken. Gerne denke ich auch an Gespräche mit Paten und Spendern zurück, die sich mit ihren Möglichkeiten einbringen, Kindern ein besseres Leben zu ermöglichen. Stiftungen, Großspender und Firmen machen sich für die Arbeit der Kindernothilfe stark. Sie wollen und können Partner der Projekte und Programme sein, die Kindernothilfe mit lokalen Organisationen durchführt. Immer und überall geht es um die Kinder und ihre Erfahrungen. Ich musste lernen, auf sie zu hören, ihre Anliegen zu verstehen und das Leben aus ihrem Blickwinkel zu sehen. An dieser Kommunikation über die Jahre hinweg beteiligt gewesen zu sein, auch im Dialog mit anderen Organisationen der Entwicklungszusammenarbeit, ist eine beglückende Erfahrung. Dafür bin ich dankbar. Was die Kinder einbringen, muss zur Strategie der Entwicklungszusammenarbeit werden. In den Jahren haben wir gemeinsam an den Zielen gearbeitet im Vorstand, der gemeinsamen Konferenz der Referatsleiter und im Verwaltungs- und Stiftungsrat. Gegenseitig haben wir uns ermutigt und weitergebracht in unserem Einsatz gegen Armut und Gewalt und für die Rechte der Kinder. Daran denke ich gerne und dankbar zurück.

Bei den Recherchen haben mich viele Mitarbeiterinnen und Mitarbeiter der Kindernothilfe unterstützt. Besonders danke ich Gunhild Aiyub, Angelika Böhling, Katrin Bröring, Nils Brüninghaus, Michaela Gerritzen, Guido Falkenberg, Jan Hanrath, Christian Herrmanny, Susanne Kehr, Ralf Krämer, Beate Lemmen-Feldkamp, Jörg Lichtenberg, Petra Liedtke, Judy Müller-Goldenstedt, Susanne O'Byrne, Jürgen Schübelin und meinen Vorstandskollegen Christoph Dehn und Rolf Heringer.

Ruth Atkinson hat als Programm-Managerin der Neukirchener Verlagsgesellschaft das Buch von der ersten Idee bis zur Drucklegung begleitet. Ihr und Hauke Burgarth als Lektor danke ich für die Zusammenarbeit in diesen Monaten.

Ein ganz besonderer Dank gilt meiner Frau. Sie hat mich bei der Aufarbeitung der Erinnerungen inspiriert und mit ihren Anregungen und Korrekturen zum Gelingen beigetragen. Gerne denke ich daran zurück, dass wir einmal in den Jahren gemeinsam mit Christina Rau als Stiftungsrätin nach Honduras reisen konnten. Wie es das Geleitwort zum Ausdruck bringt, hat Frau Rau durch ihren kontinuierlichen Einsatz die Arbeit der Kindernothilfe vorangebracht und geprägt. Für die vielen Anregungen, Gespräche und gemeinsamen Aktionen danke ich ihr sehr herzlich. Was war, ist nicht vorbei. Doch auch neue und andere Aufgaben liegen vor uns, auf die ich mich freue. Dazu gehören auch und besonders die Enkelkinder Johanna, Karla und Moritz. Ihnen soll das Buch gewidmet sein.